国家出版基金项目
NATIONAL PUBLICATION FOUNDATION

让中国人更有话语权

——中国航天奠基人钱学森的故事

科技托起国防梦丛书

石 磊 著

科学普及出版社

·北 京·

图书在版编目（CIP）数据

让中国人更有话语权——中国航天奠基人钱学森的故事 / 石磊著 . —北京：科学普及出版社，2017.1
（2024.7 重印）

（科技托起国防梦丛书）

ISBN 978-7-110-09483-9

Ⅰ. ①让 …　Ⅱ. ①石 …　Ⅲ. ①钱学森（1911-2009）
—生平事迹—通俗读物　Ⅳ. ① K826.16-49

中国版本图书馆 CIP 数据核字（2017）第 006264 号

责任编辑	韩　颖	
装帧设计	中文天地	
责任校对	刘洪岩	
责任印制	徐　飞	

出　　版	科学普及出版社	
发　　行	中国科学技术出版社有限公司	
地　　址	北京市海淀区中关村南大街16号	
邮　　编	100081	
发行电话	010-62173865	
传　　真	010-62173081	
网　　址	http://www.cspbooks.com.cn	

开　　本	787mm×1092mm　1/16	
字　　数	198千字	
印　　张	12	
版　　次	2017年5月第1版	
印　　次	2024年7月第2次印刷	
印　　刷	德富泰（唐山）印务有限公司	
书　　号	ISBN 978-7-110-09483-9 / K·146	
定　　价	59.00元	

目录 CONTENTS

1

钱塘之子

钱氏家族

杭州，一座玲珑剔透的秀丽城市，曾是五代十国时期吴越国和南宋的都城。

西湖美景

杭州的美，无论用多么美轮美奂的言语都无法来形容。宋代大文豪苏东坡的一首脍炙人口的七绝《湖上初雨》："水光潋滟晴方好，山色空蒙雨亦奇。欲把西湖比西子，淡妆浓抹总相宜。"几乎道尽了杭州明珠西湖绝美的姿容。

品味杭州，无所谓季节，也无所谓天气。只要漫步苏堤，那杨柳如烟、艳桃灼灼、湖波如镜、鸟语啁啾的城市胜景便如画图般展开。在这个春花、秋月、夏荷、冬雪中山水灵动、万种风情、各具娇媚的城市面前，任何词语都好像失去了灵性，任何文学家都恨自己笔拙。有着 2200 年历史的杭州，孕育了无数展示着东方智慧与魅力的人杰。

钱学森的祖上就是杭州人。上溯 33 代，便是他的老祖宗钱镠。

唐宋之间，有过一个五代十国的战乱时期，历时 56 年。当时，中原地区群雄逐鹿、五代更迭，但在南方，浙江一带的吴越国和福建一带的闽国则是一番太平景象。钱镠（公元 852 年至公元 932 年）便是吴越国的国君。他 21 岁从军，骁勇多谋。公元 887 年授杭越管内都指挥使、杭州刺史。907 年被梁朝廷晋封为吴越国国王，人称钱王。钱镠创建了一郡十三州的吴越国

（今浙江省和江苏省、福建省部分地区），他重视农桑、修筑河塘、开拓海运、发展商贸，使吴越国富甲江南，奠定了杭州作为"人间天堂""丝绸之府"的基础。

钱王祠

杭州与钱氏的密切关系比比可见。至今，清波门外柳浪闻莺公园的东北角还有一座蔚为壮观的钱王祠。相传那里原是钱王钱镠的故居，后人建祠以纪念他。

位于西湖北侧宝石山上的保俶塔则是北宋太平兴国年间（公元 978 年）杭州百姓为祈祷钱镠之后吴越国王钱弘俶平安而建造的。当年钱弘俶闻讯宋太宗欲挥师南下消灭吴越国，为保江南子民免受战乱，他自缚双手进京，表示愿意纳土归宋。百姓见他久留未返，自发建塔取名"保俶塔"。塔身修好不久，钱王果真被朝廷封为邓王平安归来。

钱王祠外的钱镠塑像

钱镠祖孙三代五位国君以 86 年的太平治理，使吴越国成为遍地烽烟、最黑暗的五代时期国力最强地区之一。所以有人讲，上有天堂、下有苏杭，钱镠是奠基人。

《三国志》的作者陈寿有一句经典的名言："君子之泽，五世而斩。"但钱王后裔历经三十几代仍兴旺发达、人才辈出。在当代钱王后裔之中，钱钟书、钱玄同、钱其琛、钱正英、钱君匋、钱复、钱穆均闻名遐迩，钱学森、钱伟长、钱三强亦为钱王后裔，人称"三钱"。钱氏家族人才井喷，这在中国是个非常罕见的社会现象。

钱镠的 28 世孙钱士美给他的孙代，即钱镠的第 30 至 37 代孙定下了各代的字辈：继承家学，永守箴规。

算来钱学森应是钱镠的第 33 世孙。

钱镠第 28-34 代孙谱系表（与本身有关部分）

该谱系经钱永刚教授确认。（）中表示"字"，[ ]中是注明，姓名右上角数字表示兄弟间排行

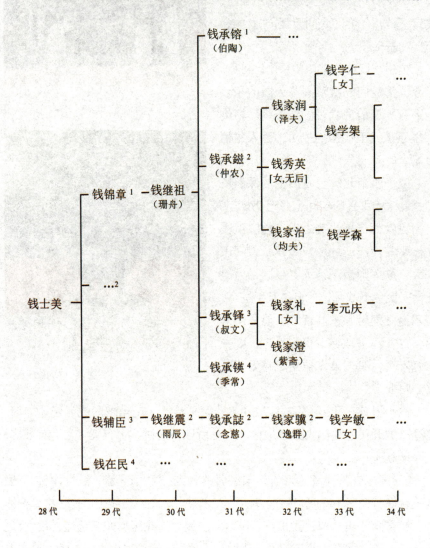

	28 代	29 代	30 代	31 代	32 代	33 代	34 代

杭州老宅

杭州市下城区马市街方谷园2号，一幢白墙黑瓦的两层木屋民居。这里是钱学森故居，当年是他母亲的陪嫁嫁妆。1911年12月11日，钱学森诞生在上海的一所教会医院里。出生不久，钱学森随父母回到老家杭州，住在这座老宅里一直到3岁。1914年年初，父亲钱家治（字均夫）到北京担任北洋政府教育部视学一职，钱学森一家离开杭州举家北迁。

方谷园2号呈长方形地块，从外面看院子一点不起眼，四周被五六米高的白色围墙包裹着，大门并不直接面对方谷园，而是朝里凹进十几米，站在方谷园看过去，只见白墙下石门框里一扇深褐色的大门。推开大门，走过"L"形的过道来到天井，这才见到高墙内的大院。这是一幢木结构的典型杭式大宅，横向面阔三间，纵向进深三楹，中间是两层过街楼式的木屋民居，右侧有一长长的走廊通向大

方谷园2号钱学森故居

钱学森故居院内

门。整个大院有十几个房间，一色的格子长窗、雕花门板，所有的房间以及客厅都铺着地板，一律漆成深褐色。在第三进屋子后面，有一个颇大的后花园。院落总占地面积为899平方米，总建筑面积为802平方米。

方谷园2号的大门仍然保持着原来的格局，大门正上方一块黑底绿字的牌匾上写着"钱学森故居"。为了纪念钱学森诞辰100周年，2011年12月钱学森故居修葺一新对公众开放。

故居的正厅挂着一幅匾额，篆书"克勤克俭"四个大字镌刻在匾额上，这是钱家的家训。二楼是家人的私密空间，有钱学森卧室、钱学森父母卧室、钱家书房等。书房中的笔墨纸砚虽然沉寂多时，但江南书香门第的独特气韵依然绕梁回荡；卧室里的老式镜子早已锈迹斑驳，但依然映照着一代科学巨人的儿时身影。这里的一点一滴都是钱学森的痕迹，空气中弥漫着故人的气味。

钱学森在方谷园2号留下了一帧照片，是在他考入上海交通大学之后，回到杭州跟父母、祖母一起在客厅里的合影。钱学森穿着一袭浅色长衫，父亲长衫马褂，母亲穿中短袖中式大襟上衣，祖母则是中式衣裙。茶几上放着兰花、银盾，女佣怀里抱着小狗。

驻足于此，你的思绪会浑然不觉地飘溯到房子的同龄时代，你的脑海会情不自禁地将历史的碎片粘贴成一个完整的故事。

这个故事，肯定是钱学森的故事了。

钱学森（左一）和父亲（左二）、母亲（左三）、祖母（左四）以及女佣在杭州方谷园

取名学林改学森

钱学森的父亲名钱家治，字均夫（1880—1969）。

钱均夫的父亲在杭州经营丝绸，钱均夫是这位没落丝商的第二子，幼年得到了家庭良好的教育，早年就读于当时维新的杭州求是书院（浙江大学前身），是个品学兼优的学生，1899年肄业。那时的中国，正处在腐败的清王朝日趋没落的统治之下，社会动荡不安，各种民主革命的思潮纷纷登场，许多爱国志士四处寻找着救国奇术、济世良方。钱均夫就是在这种背景下，和鲁迅、厉绥之、蒋百里等人一起东渡日本学习教育学，以施展其"兴教救国"的抱负。他于1902年赴日，1904年考入日本东京高等师范学校，学习教育学、地理学和历史，1908年毕业。

1914年赴北平教育部任职多年，后任浙江省教育厅督学。1956年被中央人民政府国务院任命为中央文史馆员，1969年去世。

钱均夫是一位精通教育方法、对儿子寄予厚望且具有很强责任心的父亲。在钱学森幼年的知识启蒙里，是父亲首先向他开启人生与智慧之窗。钱学森后来常说："我的第一位老师是我父亲。"博学多才、谦恭自守的钱均夫营造了家庭宁静的文化氛围与求实精神，这对幼年钱学森的成长至关重要。

钱均夫的妻子章兰娟出身名门，她的

钱学森的母亲章兰娟

钱塘之子

满周岁的钱学森与父亲的合影

父亲是杭州经营丝绸的富商，据传曾担任过两广盐运使，后回杭州经营丝绸，成为巨贾，在杭州、上海等地有多处房产。1888 年，章老先生的女儿兰娟出生，她从小受到良好的家庭教育，读书识字，心灵手巧，还颇有数学天赋。章老先生很有眼力，他看到钱家虽然家道中落，但钱均夫学业有成且长得一表人才，就将视为掌上明珠的爱女章兰娟许配给钱均夫，并将方谷园 2 号的房产作为嫁妆陪嫁到钱家。章兰娟性格开朗热情，心地善良，聪颖过人，尤善女工针线，计算能力和记忆能力极强。或许，钱学森的惊人天赋就是来自母亲的遗传基因。

1911 年 12 月 11 日，一个非常可爱的男婴带着清脆的啼哭来到人世，而立之年的钱均夫喜得贵子，自然笑逐颜开。

钱学森的名字是父亲起的。钱均夫按照钱家"继承家学，永守箴规"八字论辈取名，他本人是"家"字辈，他的儿子当属"学"字辈。取名时，他沿用了"木"字旁，因为"学"字辈的同辈堂兄弟名字中都有"木"字旁，诸如钱学榘、钱学梁、钱棠（钱棠按辈分应名钱学棠，因其母亲名字中有"学"字，为避讳取单名钱棠）。钱均夫最初曾打算用双木"林"字，为儿子取名钱学林；后来索性再加一木，更显葱郁葱茏，充分体现繁茂之意。另外，"学森"的谐音是"学深"，也体现了求学深远之意。

1914 年年初，因中华民国临时政府从南京迁往北京（史称北洋政府），钱均夫赴任北洋政府教育部视学职务，于是不满 3 岁的钱学森随父母来到北京并被送进"蒙养院"。

蒙养院就是现在的幼儿园。

当时，蒙养院在北京还是"稀有元素"。能够把孩子送进蒙养院进行启蒙学习的，差不多都是达官富贾。钱家当时包了一辆"洋包车"（老舍笔下的骆驼祥子拉的人力车），由女佣陪同，接送钱学森到宣武门蒙养院。

3岁时的启蒙教育关系到此后的整个人生。那时候，在蒙养院里，孩子在"修身"中接受做人之道的教育，在"行仪"中学习行为举止，在"读方"中识字，在"数方"中学习数数和加减，在"手技"中搭积木，在"乐歌"中初习歌舞，在"游戏"中嬉笑玩耍。钱学森从小记忆力极强，这时已能背诵上百首唐诗宋词，能心算一位数的加减乘除。钱家的亲戚朋友常来走动，父亲所在教育部的同事偶尔也过来坐坐，每逢家里来了客人，在客人面前背诵诗词成了小学森的拿手"节目"，大家对他的表演赞叹不已，认为"前途未可限量"，邻里间更是相传钱家出了个"神童"。

两周岁时的钱学森

儿时记忆

1917年9月，不满6岁的钱学森在父亲的陪同下，来到离家不远的小学就读。

那时从教育部街往西不远处有一条细长的胡同，由于邻近西单，通常被叫做西单手帕胡同。胡同34号（今18号）有一所小学，当年门口挂着"国立北京女子高等师范学校附属小学校"的牌子（今北京第二实验小学）。

通常，师范院校的附属中小学都是教育质量上乘的学校，因为师范院校是培养教师的基地，而师范院校附属中小学正是师范院校进行教学实践的基地，所以师资优秀而充沛。钱学森的父亲在教育部任中小学科科长，当然深知其中的道理，所以钱学森不论是小学还是中学，都在师范院校附属学校就学，而且钱学森所读的学校都是当时北京以至全国第一流的学校。

钱学森在国立北京女子高等师范学校附属小学校，是当时班上年龄最小的学生。他不仅学习成绩突出，游戏玩耍也比别人玩得好。

据他的同学张维回忆："虽然我和学森是小学同学，但他的成绩超出了我们一般同学的水平。几十年过去了，我们一同上小学时的许多事情都淡忘了，然而有一件事我却始终记忆犹新：在小学三年级的时候，我和学森等许多同学在课外活动中玩投纸镖比赛，纸都是一样的，看谁叠的纸镖飞得远。反复赛了多次，结果总是学森投得最远。后来我和其他同学谈起来，虽然那时他自己也不会想到长大当空气动力学家，但从这件小事也可看出他自小就有巧用空气动力的天赋。"

钱学森曾经很得意地向夫人透露过此事，他的夫人蒋英回忆说："学森小时候很顽皮，也很聪明。那时候，小学生们喜欢玩一种投飞镖的游戏。就是用硬纸折成一个头部尖尖、有一副向后斜掠翅膀的飞镖，投出去以后可以飞行。学森折的飞镖每次都飞得最远、飞得时间最长。同伴们都感到奇怪。这是因为学森折的飞镖棱角分明，头部还夹着一个小小的铅笔芯。"

这个故事常被人们引伸为钱学森小小年纪就已经懂得"空气动力学"的常识，这样的引伸虽说有点牵强，不过钱学森从小就爱动脑筋，做起事情来一丝不苟，这倒是确确实实的。

当年小学的学制是三年初小、三年高小。念完初小三年，9岁的钱学森在1920年转校到国立北京高等师范学校附属小学校（今北京第一实验小学）。

国立北京高等师范学校附属小学校是当时北京最有气派、最漂亮的小学。钱学森在这里度过了3年的小学时光。他依然乘坐"洋包车"上下学，不过，这时的钱学森比上蒙养院的时候要顽皮，在车上不时左顾右盼，有时趴在车上从后面的车窗朝外看，有时朝路人做鬼脸，但到了学校的课堂里，他总是聚精会神，成绩也总是名列前茅。

上小学时的钱学森

恰同学少年

经过六年的小学学习，钱学森于 1923 年 9 月进入北京师范大学附属中学校初中部。

师大附中是当时国内一流的中学，有一个较大的图书馆和很像样的实验室，老师的水平也很高，好多都是北师大教授、讲师或北师大的毕业生。师大附中的 6 年是钱学森人生道路上的一个高潮。

钱学森 1984 年 4 月 20 日在接受北京师大附中教师访问时曾回忆道："20

北京师大附中旧校门现今依然保存完好

年代的北京师范大学附属中学有个特别优良的学习环境，我就是在那里度过了6年，这是我一辈子忘不了的6年。""在我一生的道路上，有两个高潮，一个是在师大附中，一个是在美国读研究生的时候。6年的师大附中学习生活对我的教育很深，对我的一生、对我的知识和人生观起了很大的作用。"

1926 年在北京师大附中念书的钱学森

北师大附中高中分理科部和文科部，1926 年 9 月钱学森在理科部读书。

当时的学校没有填鸭灌输和考试重压的风气。学生临考试时并不做什么准备，从不因为明天要考什么而加班背诵课本，大家都重在理解、不在死记。考试结果，一般学生都是 70 多分，优秀学生 80 多分，如果谁通过死记硬背、急功近利获得高分，同学们反倒瞧不起他。老师们也是这样教育学生的，数学老师傅仲孙先生提倡创新，在给学生的测验评分时独出心裁：如果出 5 道题，学生都答对了，但解法平淡，只给 80 分；如果答对 4 道，但解法有创新，就给 100 分，还要另加奖励。

考试前，许多同学都在操场上玩，不到天黑不回家。那时的学生没有考试追高分的压力，他们把大量的时间用来"玩"。其实他们的"玩"就是读课外书、动手实验和外出实践。

生物课上，老师常常带学生到野外采集标本，教他们解剖青蛙、蚯蚓，还让钱学森用在野外抓到的蛇制作标本；几何课老师用汉语文言文编写讲义，还拉着念古文的腔调讲数学，"很带味"；虽然当时学校刚刚开始建立物理、化学、生物实验室，陆续购进一些实验器材，都显得很金贵，但化学实验室却对学生随时开放，钱学森在那段时间做了很多化学实验。

钱学森晚年还曾十分清晰地背诵起博物学老师李士博教给他们的识矿"秘诀"：矿物的硬度有十度，哪几个矿物能代表这十度呢？滑、膏、方，萤、磷、长，石英、黄玉、刚、金刚。挺押韵的，好记，有用！滑就是滑石，膏是石膏，方是方解石，磷是磷石，刚是刚玉。

钱学森这段回忆的话很精彩，念起来朗朗上口。他在这里说明了 10 种矿物的硬度：滑石、石膏、方解石的硬度依次为1、2、3，萤石、磷石、长石的硬度依次为4、5、6，等等。

图书是进步的阶梯。北京师大附中的图书馆曾经给了钱学森莫大的帮助。晚年钱学森深情地回忆道："在（20世纪）20年代，我是北京师大附中的学生。当时学校有一个小图书馆，只有一间书库，但却是同学们经常去的地方。那间图书馆收藏有两类图书：一类是古典小说，像《西游记》《儒林外史》《三国演义》等，这类图书要有国文老师批准才能借阅；二是科学技术图书，我们自己可以借来看。记得初中三年级时，一天午餐后休息，同学们聚在一起闲聊，一位同学十分得意地说：'你们知不知道20世纪有两位伟人，一个是爱因斯坦，一个是列宁。'大家听后茫然，便问他是怎么知道的。他说是从图书馆的一本书上看到的，爱因斯坦是科学伟人，列宁是革命伟人。但那时我们谁也不知道爱因斯坦是相对论的创始人、列宁是俄国的伟大革命家，更不知道还有马克思、恩格斯。但这次茶余饭后的闲谈却激起了我对科学伟人和革命伟人的崇敬。到高中一年级，我就去图书馆找介绍相对论的书来看，虽不十分看得懂，但却知道了爱因斯坦的相对论概念和相对论理论是得到天文观测证实了的。"

1929年7月，钱学森以优异的成绩从北京师大附中毕业。

如今，钱学森就读北师大附中时的一栋教室被保护了起来，里面建成了钱学森纪念馆。馆内陈列的照片都是学校校友中的"明星"：中国科学院院士钱学森、马大猷、汪德昭、汪德熙、段学复、汤佩松、陈永龄、张维、梁守槃、雷天觉；中国工程院院士姜泗长、张维；经济学家于光远、作家李健吾、电影导演张骏祥、哲学家张岱年，等等。

师大附中里少年钱学森的塑像

2

被炸碎的火车梦

学什么专业呢

1929年，钱学森高中毕业时面临着第一次人生选择，对上大学充满憧憬。

毕业前，数学老师傅钟孙叮嘱他，考大学一定要报考数学系，说他在数学方面最有发展；国文老师董鲁安则预言钱学森一定继续学习文科。因为，他认为钱学森知识面广、文笔不错，将来可以成为一名大作家；妈妈章兰娟从心里希望钱学森能子承父业，将来从事教育工作，做一个教育家或有名气的教师；父亲钱均夫希望他报考工科大学，将来做一名工程师，用实业救国。

那么学什么专业呢？

1929年钱学森北京师大附中毕业照

凭着钱学森的学习成绩，他报考当时最好的学校北京大学或者清华大学，都是板上钉钉的事。但是，此时的钱学森心中已经有了一个偶像——詹天佑。

自从1825年9月，由英国人斯蒂芬森亲自驾驶他与别人合作设计制造的"旅行者号"蒸汽机车在新铺设的铁路上试车成功，那个在铁道上飞驰的火车头便成为了先进国家的一个标志。几十年后，当西方国家的铁路已贯穿全国之时，落后的中国还不知道火车为何物。1865年，外国人在北京铺设了两条0.5千米长的示范性铁路，当火车喷着粗气行驶起来的时候，连清廷的官员也以为见到了怪物。1876年，英商在华代理怡和洋行背着清政府修筑了一条从上海至吴淞长为14.5千米的铁路，腐败、保守的清政府认为修铁路会"失我险阻、害我田庐、坏我风水"，竟然出资28.5万两白银赎回这条铁路，于第二年全部拆除。

詹天佑

社会总是要向前发展的，代表新兴先进的生产力的事物总会被人们认知、接受。到了1905年，中国开始第一条铁路京张铁路的建设，詹天佑担任了总工程师。由于修建艰难，许多外国著名的工程师都不敢出马，在詹天佑的主持之下，没用一个外国工程师，只用4年时间就建成了这条铁路。詹天佑成为了中国人心中的民族英雄。

推翻满清政府后，1912年孙中山在《建国方略》中提出要修建16万千米的铁路，这是我国最早的一个铁路规划。此后，修建铁路成为重要的基础工业，铁道工程师成为有志青年报效国家所向往的职业。通过高中三年阅读大量课外书籍对社会的了解以及看到詹天佑修筑京张铁路的爱国之举，钱学森进一步认识到，国家的交通系统就像人体的大动脉，不可须臾缺少。于是，他决定报考国立交通大学。1929年，钱学森以总分第三名的成绩考取国立交通大学机械工程学院，攻读机车制造专业。他要效仿詹天佑，修铁路、造火车，投身孙中山为中国未来铁路建设勾画的宏伟事业。

交通大学的前身是晚清著名实业家、教育家盛宣怀于1896年在上海创办的南洋公学，1905年后相继归属邮传部、交通部、铁道部等直辖，校名也多次变更。到钱学森考入该校时，全称为"国立交通大学"，已经设有机械工程、电机工程、土木工程、管理、科学五个学院，被蔡元培先生誉为"全国造就建设人才最高学府"。1949—1959年，该校先后称"交通大学""交通大学（上海部分）"，1959年至今一直称"上海交通大学"。

然而，1931年的九一八事变以及1932年在钱学森身边发生的一·二八淞沪战争，日本侵略者用飞机和大炮"炸碎"了他心中憧憬的铁路和火车。看到蔡廷锴将军率19路军以弱斗强、慷慨悲壮抗击日寇的战斗场面；看到一架架翅膀上贴着红"膏药"的日本飞机对着平民百姓、大街小巷狂轰滥炸的罪恶行径，钱学森受到了深深的刺激，他开始关注飞机。

被炸碎的火车梦　17

淞沪战争中，上海几乎毫无遮蔽地暴露在日军飞机之下

钱学森拍摄的淞沪战争中的日军暴行

据当时的资料记载，日本拥有飞机 2000 架，已经有了比较完整的航空工业，而中国只有 270 架飞机，能投入空战的不到 100 架，不仅数量比人家整整少了一个数量级，而且全部依赖进口，国内连一家飞机设计制造厂也没有。钱学森还从报纸和其他资料上得知，远在大洋彼岸的美国有一对莱特兄弟，他们早在 1903 年就在滑翔机上安装了汽油发动机驾机试飞成功，开辟了人类现代航空的新纪元；1918 年美国率先开通了从纽约到芝加哥的飞机航线；20 世纪 30 年代初，美国制造成功 DC3-7 螺旋桨客机并投入应用，美国的航空工业已在全世界遥遥领先。

淞沪抗战无果而终的残酷现实，给 21 岁的热血青年钱学森兜头一盆冷水。他开始明白，现代国防事关中国的生死存亡，他的志趣从造火车逐渐转向了造飞机。他认为造飞机，对于屡屡遭受列强欺辱的中国更具有实际意义，作为有知识的新青年，理应去学习和掌握世界上最先进的科学技术。

从那时起，他经常钻到图书馆里博览群书，并特别专注飞艇、飞机和航空理论的书籍，有一本介绍

九一八事变后，钱学森参加国立交通大学组织的赴南京请愿活动，抗议政府的不抵抗政策。上图为火车到达南京车站时的合影

美国火箭鼻祖戈达德的书，他看得津津有味。利用业余时间，他积累了不少航空方面的专业知识，他回忆说："我还记得借过一本英国格洛尔写的专讲飞机机翼气动力学理论的书来读，当时虽没完全读懂，但总算入了气动力学理论的门，这是我后来从事的一个主要专业。"

1933 年，交通大学外籍教授威斯曼开设了航空工程课，初萌"航空救国"之志的钱学森当年下半年就选修了这门课。在距大学毕业仅有一年的时间里，他不仅很好地完成了主修课有关火车头的毕业设计，还在选修课的考试中取得了两个学期平均 90 分的好成绩，是 14 名选修此课学生中成绩最好的。

满分考卷的背后

热工实验老师陈石英的办公桌上摆放着一个大本子，封面上半部的一行大字写着"热工实验报告"，下半部一行小字写的是"机械工程系 钱学森"。这个厚厚的大本子看上去有100多页，陈老师心想，这份实验报告怎么写了这么多？与摞在旁边整个系学生的实验报告厚度差不多，别的同学的报告只有三五页，钱学森报告里到底写了些什么呢？

陈老师仔细地看着这个学生的实验报告，越看越惊叹，激动得站了起来，招呼整个教研室的老师："你们快来看看这个学生的实验报告，足足写了100多页，我太惊讶了！"

老师们都带着疑惑的眼神聚拢过来争相翻看。

"啊！写了这么多页，从头至尾书写的这么工整漂亮，真不容易，真不简单呀！"

"再看看他的制图多么标准、清晰。"

"这是我两周前布置的一个实验，他做得这么认真。"陈石英介绍说。

"实验的每个步骤都详尽记录了，而且还把他在实验中观察到的各种现象描述的非常细致呢。"

"一个学生，如此严谨地做实验，并且既观察实验变化，又有自己的理性思考，真是太难得了，看来真是个科学家的材料，极其难得啊。"

"再看最后的实验总结，逻辑非常清楚，有条有理，并且提出了自己的创意，这个学生是谁呀？"

"是钱学森，您不认识吗？学习非常好，是一个长得眉清目秀的男生。"

"我想起来了，前几天下午我去实验室，看到一个非常认真做实验的男生，他举止优雅，很有礼貌，见到我主动打招呼。我当时还想这个学生真用功，天天待在实验室，一定是个好学生，真是没错。"

"陈老师，把这份实验报告借给我吧，到我们系里展示一下，让更多的学生看看什么叫优秀的实验报告！"

陈老师连连点头。

经过仔细的批阅，陈老师毫不犹豫地给这份完美的学生实验报告批上了100分。

两天后，在实验大楼一楼的橱窗里展出了这份长长的实验报告，它成为交大机械系历史上最佳的学生实验报告。

钱学森跨入大学的第二年，他发现大家都在为分数而奋斗，多数学生根据中学时的学校不同分成了两派：北师大附中派和江苏扬州中学派，在学习成绩上形成了竞赛的局面，犹如划船比赛一样，你争我赶，互不相让，这次考试"北平派"领先，下次"扬州派"一定要赢回来。钱学森为了母校的光彩，虽然不太满意"分数战"，但作为"北平派"的主力，他的成绩像乘电梯一样很快上到了顶层，让很多同学望而兴叹。

"分数战"紧锣密鼓地布满了整个学年，钱学森对自己要求极严，每次考试总是书写工整、漂亮清洁，连等号都像用直尺画的一样，中英文写的秀丽端庄，各科老师都非常赞赏，说批改钱学森试卷的过程是一种享受。

正是这种赏心悦目，老师偶尔会疏漏了学生的笔误。1933 年 1 月 24 日的一次水力学考试后，金悫老师把只判出对错、没给出分数的考卷发下来讲评。因为钱学森的试卷没有错误，所以金老师面对全班同学说："第一名钱学森，满分。"金老师为了让学生知道学无止境，每次都会出一两道难题，这次考试他出了 6 道题，其中有一道难题，钱学森也做对了。老师从讲台上拿

起这份考卷笑眯眯地递给钱学森，"北平派"的同学热烈鼓掌，"扬州派"的同学又羡慕又惊叹地议论着："哎呀，又是 100 分啊！""北平派这次又抢风头了！"

钱学森却满腹疑惑，因为考试完后，他就懊悔地发现自己有一处笔

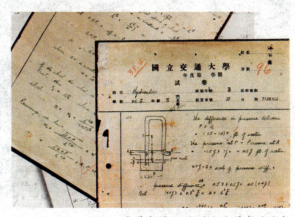

钱学森得 96 分的水力学考试试卷

误：在运算的一个步骤中，一时疏忽将"Ns"的下标漏掉了，结果写成了"N"。他已经计算过了，按照老师严格的打分制度，这个笔误会被扣掉4分，而现在，老师却宣布自己满分，难道是自己记错了？

钱学森拿到试卷迅速地找到那道题，没错，那个清楚的笔误是老师疏漏了。钱学森毫不犹豫地举手报告："对不起，金老师，我不是满分！"全场哗然，金老师愕然。

钱学森起身把考卷送到老师面前，指出了自己的这个笔误。老师肯定地点了点头，把这份试卷批成了96分。但是金老师立刻宣布："尽管钱学森同学被扣掉4分，但他实事求是、严格要求自己的学习态度在我心目中却是满分，同学们要向钱学森学习。"全班同学一齐向钱学森行注目礼，然后热烈地鼓掌。

这份试卷被金老师珍藏了下来，历经抗日战争、解放战争，直到1979年，已卧病在床的金教授在校报上看到钱学森回上海交大参观的报道，于是将这份保存了46年的珍贵试卷捐给了母校。

从此，"100分"被改成"96分"的试卷就被留在了学校档案馆，成为一代又一代交大学子们珍贵的学习榜样。

1934年8月，钱学森来到清华大学设在南京中央大学的考场，参加庚子奖学金考试。对钱学森来说，大学毕业后通过公费留美去学习航空工程和相关的先进技术，以实现"航空救国"的理想，很自然地成为他下一步深造和工作方向的首选。他毅然报考了航空专业。

上海交通大学1934届机械工程学院学生合影（前排右二为钱学森）

跨过大洋　心翔蓝天

民国二十三年十月二日（即1934年10月2日），北平秋高气爽。

紫禁城明黄色的琉璃瓦顶刚被秋雨洗过，一片光亮亮的。绿树掩映下，红墙黄瓦依旧透露着当年大清皇宫的巍峨壮观。

紫禁城西北十千米外，宁静的清华园里，一棵棵挺拔的银杏树舒展着小折扇的树叶，沐浴着秋日的阳光。

钱学森在交通大学的毕业证书

与往日朗朗的读书声相佐，校园里荡起了嘈杂声。学子们三五成群说笑着、议论着，从大路小径向清华学堂前的公告栏走去。清华大学之外的北京大学、辅仁大学、燕京大学等一些高校的师生也早早到此等候了。

公告栏前，人头攒动，以至于堵塞了周围的交通。

今天，全国高校学子万众瞩目。清华大学第二十三年度庚款留美生要在这里张榜公布，20名考试优胜者将露出水面。

聚集在这里的人群，一齐注视着清华学堂紧紧关闭着的黑色大门，等待着这个时刻的到来。

差5分9点钟，清华学堂的两扇大门慢慢打开。只见两位身穿黑色制服的教育官员携带着榜纸从清华学堂大门里走出，迎着四周观众的掌声、穿过熙熙攘攘的人群，朝公告栏走来。

两位官员走到公告栏前，迅速地将榜纸贴在公告栏上，此时正好9点钟。

群众中响起了热烈掌声。

清华大学考取留美公费生公告

只见张出的榜纸上最右的一列大字是"国立清华大学考选留美公费生揭晓通告",后面写道：

> 本大学本届考选留美公费生各门成绩业经留美考试委员会详慎审核，决定各门录取名额公布如次
>
> 历史学门（注重美国史）一名　杨绍震
>
> 高空气象学门一名　赵九章
>
> ……
>
> 航空门（机架组）一名　钱学森

钱学森的名字赫然其中。

20个人是从全国数十座高校万名学生中遴选出来的。

20门专业涉及社会科学和自然科学两大领域，兼容文、理、工三科，可见留学内容之丰富、涉猎之广泛；每个专业只录取1人，可以想像脱颖而出之艰难、竞争之激烈。

大学毕业后，钱学森希望通过公费留学的机会学习国外先进技术报效国家。1934 年 8 月，钱学森赴南京中央大学参加庚子赔款奖学金的选拔考试。他要与 80 名和他一样急于脱颖而出的年轻人争夺名额。

什么是庚子赔款奖学金？

1900 年，是中国农历庚子年。8 月 4 日，八国联军借口剿灭义和团，从天津进攻北平。慈禧带着光绪皇帝仓皇出逃。1901 年 9 月 7 日，清廷与列强 11 国签订了丧权辱国的《辛丑条约》，被迫赔偿纹银 4.5 亿两，分 39 年摊还，史称"庚子赔款"。"庚子赔款"中，美国分到 2500 万美元，连同 39 年的利息总计 4600 万美元。后来，中国驻美公使发现，这笔赔款超出了美国来华军队实际花费的一倍，纯属"虚报冒领"。经过多次交涉，老罗斯福政府决定把多余的钱归还中国，方式是设立一个让中国学生到美国留学的奖学金。这个奖学金便是庚子赔款奖学金，于 1909 年设立。第二年清华学堂（清华大学的前身）成立，专门负责遴选、派遣每年的获奖人选，并把他们送到美国留学。

留学考试从上午 8 点开始，直到下午 5 点结束，中间只有很短的午餐时间。考试的内容 80% 是自然科学——微积分、物理、热工学、机械工程、航空工程，人文科学内容占 20%。

8 月底，80 名考生的成绩及相关材料汇集到清华园，摆在了叶企孙教授的案头，他开始了新的筛选。

他拿起钱学森的成绩单，看到数学是 41 分后，摇了摇头。又拿起钱学森在交通大学四年平时的学习成绩单，对比后自言自语地说："平时擅长的数学竟考得不及格。"接着往下看：物理 63 分、热工学 64 分、机械工程 63 分。又摇了摇头："物理、热工、机械也考得不好呀！"接着往下看，当他看到航空工程 87 分时，顿时眼前一亮，两眼放出了兴奋的光芒："选学的课程反而考了高分，可见是用了心的。"

此时的他，陷入了沉思：钱学森的考试成绩不甚理想，与清华大学的赵九章、王竹溪等人相比逊色不少，但选修课"航空工程"却得了高分 87 分，在 4 名航空学考生中名列第一。他发现钱学森从大三开始陆续发表了飞艇、飞机方面的文章《美国大飞船失事及美国建筑飞船的原因》《最近飞机炮之发展》……这些文章有的还很有深度。以他的慧眼看出了钱学森是棵航空方面有发展前途的好苗子。

经过深思熟虑，这位清华大学负责选派留学生的教授、知名物理学家、校务委员会证人委员、理学院院长、特种研究所主席在"考选意见"栏中重重地签下："同意派出，叶企孙"，破格录取了钱学森。后来的事实证明他是伯乐。

1935 年 8 月，钱学森心怀理想与庚款留学的同学们在上海乘坐"杰克逊总统号"邮船，朝着大洋彼岸莱特兄弟的故乡驶去。

赴美之前，他和同学相约一起到北京青龙桥火车站瞻仰詹天佑的塑像，向他崇敬的铁路前辈告别。他默默地告诉这位前辈，自己的报国志向已从"交通救国"转向了"航空救国"，他一定要和前辈一样，为国争气！

1935 年 9 月 3 日，21 名赴美留学的中国学生在杰克逊总统号邮轮即将到达西雅图时的合影

我的学习动力

1935 年下半年，钱学森来到美国麻省理工学院留学。初到美国，人地生疏，语言也不流畅，因此他很少与人交往，绝大多数时光都交给了学习。稍有空暇，他便从古典音乐中找寻慰藉。

麻省理工学院新的学习环境并没有给他带来陌生的感觉，因为他发现交通大学就是按照麻省理工学院的教学模式办的，他在麻省理工学院的学习如鱼得水、游刃自如。但是，他不能容忍的是美国的种族歧视和美国人瞧不起中国人的傲慢态度。有一次，钱学森和两位同学去影院看电影。他发现身边的美国白人把服务员招呼过来耳语了几句，然

钱学森 1935 年从上海赴美留学时在轮船上留影

麻省理工学院

被炸碎的火车梦   27

后那位服务员对钱学森说："先生，实在对不起，你可以换到另一个座位上去吗？"钱学森不解地问："为什么？"那位服务员向钱学森说明了原因，原来是他身边的白人不愿意同中国人坐在一起。钱学森对这种莫大侮辱非常气愤，便与中国同学愤然起身离开了电影院。

钱学森怀着强烈的民族自尊心发奋读书，决心要为中国人增光。钱学森晚年曾回忆说："我年轻时也争强好胜，在麻省理工学院读书时，一个美国学生当着我的面耻笑中国人抽鸦片、裹脚、不讲卫生、愚昧无知，等等，我听了很生气，立即向他挑战说'我们中国作为一个国家，比你们美国落后；但作为个人，你们谁敢和我比，到学期末了，看谁的成绩好？'"

事实很快印证了钱学森的优秀。学期考试时，有位教授出了一些难题，大部分同学都做不出来，他们很气愤，认为老师是故意刁难，于是大家聚集起来去找教授评理，申诉考试不公平。谁知当他们来到教授办公室门口时，却发现门上贴着一份试卷，卷面上的字迹整洁工整，每道题完成得准确无误，也没有任何涂改的痕迹，看样子是一气呵成的。卷首上有老师批阅的分数：一个大大的"A"，后面还跟着3个"＋"号，显然这是最高分了。这是谁的卷子？大家定睛一看，原来是钱学森的！本想闹事的学生看着这份考卷，个个目瞪口呆，没想到这位平时不声不响的中国学生竟然有这么大的能耐，如此难题居然没有把他难倒。大家只好悻悻然散伙，不好意思再去找教授理论了，从此，同学们对钱学森刮目相看。

还有一次，老师出了一道十分复杂的动力学作业题，大家都做不出来。一位来自台湾的同学向钱学森求教，只见钱学森做了一个巧妙的转换，便将

钱学森在麻省理工学院求学期间留影

这个复杂的运算变成了一个简单的代数问题，此题迎刃而解。很多年以后，这位成为中央研究院外籍院士的台湾同学见到钱学森时，还对此事记忆犹新，问他当时怎么想得那么巧："这么复杂的运算，怎么到你手里就变得那么简单了呢？你真为我们中国人争了光。"

1986年10月，钱学森在一次谈话中讲述了他留学美国自强不息、备受尊重的故事："1935年至1936年，我在麻省理工学院航空系，班里有几个中国

学生，还有一个英国学生。有一次这个英国人说：'我借你的笔记用用，前几天我发烧了，没上课，缺笔记。'我开玩笑说：'我的英语不好，你还是借美国学生的笔记吧。'他说：'我是英国人，还有点自豪感，我不借美国人的笔记。我为什么借中国人的笔记，因为我服输了，我比不上你们。'"钱学森说："一个青年人，学习总有个目的。我们在上海读过书的青年都看见黄浦江畔外滩公园的门上挂着一块'华人与狗，不得入内'的牌子，把我们中国人和狗排在一起！想到这些，我们热血沸腾，下决心学习救国的本领。有了这个学习的动力，就什么困难也不怕，真是死都不怕。"

千里寻名师

钱学森从麻省理工学院取得航空工程硕士学位后，希望更深入地研究航空工程理论。没有空气动力，飞机就飞不上天。他深知，要科学地设计出更先进的飞机，就要更深入地研究和掌握空气动力学。于是，他决定前往加州理工学院攻读博士，继续深造。

可以说，钱学森选择加州理工学院完全是冲着冯·卡门教授而来。用现在的话来说，钱学森是冯·卡门的"铁杆粉丝"。冯·卡门是航空动力学专家，是出生在匈牙利的犹太人。他具有极高的数学天赋，6 岁时就能对略加思索就能报出五位数的乘法答案，屡屡使他的父亲震惊不已。1908 年 3 月，他游历法国巴黎，亲眼目睹了法国人亨利·法曼驾驶一架试验飞机进行飞行，从此对这诞生才 5 年的奇特飞行器产生浓厚兴趣，以至研究起飞行空气动力学。

1911 年，也就是钱学森出生的那一年，冯·卡门发现当气流和物体之间附壁作用失效并在物体后面乱成一股尾流时，会产生型面阻力。这个发现被定名为"卡门涡街"，成为飞机、船舶和赛车设计的理论基础。后来，冯·卡门担任德国最负盛名的理工科大学亚琛工业大学航空系教授，又发表了关于"湍流理论"的重要论文，受到同行们的高度评价。

就在冯·卡门处于学术巅峰时期，法西斯纳粹势力在德国崛起。希特勒对犹太人大开杀戒，迫使冯·卡门离开德国，移民美国。从此，冯·卡门执教于加州理工学院并加入了美国籍。借助冯·卡门在应用力学、流体力学、滞流理论、超声速飞行和火箭方面的研究成就，美国的航空和航天事业取得长足进步，处于世界领先地位。

20 世纪 30 年代，空气动力学已经成为数学和工程相结合的典范。涌现出像俄国茹可夫斯基、德国普朗特尔、美国冯·卡门这样的空气动力学大师。

钱学森非常仰慕冯·卡门，他千里迢迢投奔名师，希望在他的麾下攻读博士学位，学到世界上最先进的航空理论。

按照一般人的习惯，从麻省理工学院转往加州理工学院拜师，应该先和导师打

冯·卡门在加州理工学院讲课

个招呼，比如写封信或打个电话。而钱学森却是带着行李从美国东北部的波士顿飞到美国西南部的洛杉矶，到了那里非常冒失地直接敲响了冯·卡门办公室的门。

冯·卡门晚年在回忆录中专门用一章的篇幅记述自己的学生，那就是《中国的钱学森博士》。冯·卡门这样回忆同钱学森第一次见面的情形：

> 1936 年的一天，钱学森来看我，征询关于进一步进行学术研究的意见。这是我们的第一次见面。我抬头看见一位个子不高、仪表严肃的年轻人，他异常准确地回答了我所有的问题。他思维的敏捷和富于智慧，顿时给我以深刻印象。我建议他转到加州理工学院来继续深造。

钱学森在回忆与冯·卡门第一次见面时，依然记得冯·卡门对他说的话："Mr. 钱，希望你到加州来，到这里来。你在这里可以得到你所需要的知识，我相信我们会合作得很好。"

1936 年 8 月，钱学森来到美国加州理工学院攻读博士学位，师从著名空气动力学家冯·卡门。

空气动力学需要利用复杂的数学工具，而钱学森的数学基础非常扎实，所以他有信心攀登这座科学高峰。就这样，钱学森马上在加州理工学院办理了注册手续并住了下来。在冯·卡门的指导下，钱学森在加州理工学院攻读博士学位，从此 55 岁的冯·卡门有了一位比他年小 30 岁的中国弟子。钱学森说，选择冯·卡门作为导师，对自己一生的事业具有关键的意义。

加州理工学院给钱学森的印象是全新的，特别是冯·卡门推崇的创新精神，几乎影响了他的一生。

世界上最容易的事情莫过于踩着别人的脚印走路。因循守旧的人总是习惯于尾随别人，永远不会走别人所没有走过的新路、创造别人所没有创造的奇迹。一部科学发展史其实就是一部科学创新史，创新是科学的灵魂。

冯·卡门曾经问学生："你们的 100 分标准是什么？"

学生回答说："全部题目都答得准确。"

"我的标准跟你们的不一样，"冯·卡门说，"因为任何一个工程技术问题根本就没有百分之百的准确答案。要说有，那只是解决问题和开拓问题的方法。如果有个学生的试卷对试题分析仔细、重点突出、方法对头且有自己的创新，但却因个别运算疏忽最后答数错了；而另一个学生的试卷答数正确，但解题方法毫无创造性。那么，我给前者打的分数要比后者高得多。"

钱学森记得，在一次学术讨论会上，冯·卡门讲了一个非常好的学术思想，美国人叫"Good Idea"（好点子）。有人问："冯·卡门教授，你把这么好的思想都讲出来了，就不怕别人超过你？"冯·卡门说："我不怕，等他赶上来，我又跑到前面老远去了。"

所谓"Good Idea"，其实就是科学上创新的想法。钱学森后来说，来到加州理工学院，来到冯·卡门身边，使他"一下子脑子就开了窍"。在这里，钱学森的思想变得非常活跃。

加州理工学院经常开展学术讨论会，他们这个团队每天上午在老师冯·卡门的领导下，争得面红耳赤是常有的事，下午各自回去整理、丰富自己的论点，忙到深夜。第二天上午又继续争论下去。

也有时学术讨论会是在下午召开。后来，钱学森曾对他的学生樊蔚勋说："那时候早晨起来晚，上午到图书馆翻杂志或者到实验室看实验，并和实验人员聊天；下午参加讨论班的争论，卡门教授也参加，但不影响人与人的关系，或者乱七八糟听课，如听广义相对论等。晚上以后就一直工作到子夜 12 点钟。"

"灯越拨越亮，真理越辩越明。"加州理工学院的学术民主空气推动着科学讨论，推动着科学创新，使钱学森受益匪浅。

彻夜不息的小屋灯光

　　加州理工学院坐落在加利福尼亚州帕萨迪纳市东边，创建于1891年。学校并不大，占地面积只有0.5平方千米，只有千余名学生。它的办学宗旨"为教育事业、政府及工业发展需要，培养富有创造力的科学家和工程师"，吸引了诸多世纪著名的教授和有志青年学子。著名物理学家爱因斯坦、费曼、密立根、盖尔曼，著名天文学家哈雷，遗传学的鼻祖摩尔根，航空技术权威冯·卡门都曾经或正在这个学校执教。

　　钱学森脚步轻盈地徜徉在学院的林荫道上，好奇地向道路两旁张望，熟悉这个自己即将开始新的求学岁月的学府。当他路过一座浅黄色砖石结构的

古根海姆办公楼

大楼、看见楼门上方写着"古根海姆实验大楼"时，心里一阵激动。想到自己将要在这里、在冯·卡门的指导下学习空气动力学和动手操作许多有趣的实验时，脸上不禁浮出憧憬的微笑。

他看见几名学生模样的青年人坐在大楼前面树丛下的石凳上谈话，便走上前去搭讪，一个学生以"过来人"的口气说："你将要感受到在这里上课是何等艰苦的事。'压力'就是加州理工学院的代名词。这里的学业负担之重、学习节奏之紧、分量之多，很少有其他的大学能赶得上。"一位俏皮的学生说："除非你想当科学家或是工程师，不然千万不要到这儿来上学。我们学校离迪斯尼、好莱坞等娱乐胜地以及洛杉矶近在咫尺，竟有的学生四年都没迈出过124英亩的校园一步，你相信吗？这里令不少为即将升学而前来观光的高中应届毕业生目瞪口呆、望而却步，也一度令20%的学生因种种原因毕不了业——或是辍学，或是转走。"钱学森谦逊而又充满信心地说："我想，我会尽力使我的导师满意。"

走出学校，他选租南卡塔琳娜大道344号的一间房子，在那里安顿下来。不过，这所住房没有厨房，不能做饭。第二天，他到学校办好注册手续，便找其他几位中国同学商议如何解决吃饭问题。经过考察，他们决定在离学校不远的南密歇根大街290号的一家寄宿屋解决一日三餐。这家寄宿屋有个大

钱学森当年租住的住房外观式样

厨房，厨房里有一台煤气炉。他们4人可以在这里煮饭炒菜。每天早上，他们在那里吃过早餐后，穿上西装外套，打好领带，衣冠楚楚地去上课。

学院将每一年分成三个学期，三个学期共修15门课，包括5门物理课、2门化学、2门数学、1门生物、1门天文或是地质。另外，还要上2门实验课。也就是平均每个学期5门课，平均一个星期学习50个学时，毕业前必须修满486学时的课程。

有了在北师大附中和交通大学打下的扎实功底，钱学森应对这些基础课程游刃有余。在课堂上，尽管老师讲的课程在其他一些同学听来是一头雾水，但钱学森不但能够很快领悟，还时常提出一些关键的、复杂的问题，使同学们和教授感到吃惊。除了学习这些规定的课程，他还自己进行了一系列关于航空学的研究。数十年之后，他对报社记者说，在加州理工学院的第一学年，他收集了可能找到的全世界所有与航空学有关的研究资料，系统性地加以阅读。他每天花在读文献上的时间平均超过10小时。他的同学马勃后来回忆："钱学森在加州理工学院的第一学年，从早上8点到晚上11点，他几乎一直在工作。在一个又一个通宵无眠的漫漫长夜里，他借助纸、笔和计算尺（现代计算机发明之前的计算工具），绞尽脑汁地解决导师冯·卡门留给他的那些难题。"钱学森曾回忆说："在这里，拔尖的人才很多，我得和他们竞赛，才能跑到前沿。这里的创新还不能局限于迈小步，那样很快就会被别人超过。你所想的、做的要比别人高出一大截才行。你必须想别人没有想到的东西，说别人没有说过的话。"

1938年钱学森在加州理工学院留影

冯·卡门很快发现，自己新收的这位中国学生不但聪明好学、博闻强记，就连常常提出不同凡响的问题都与自己相似。唯有一点不同：自己在人头攒动、气氛热烈的场合才思敏捷、口若悬河，而这位中国学生却喜欢独处。钱学森很少与同学聊天、讲一些不着边际的废话，他总是把难题带回住处，在夜深人静的时候考虑周全之后得出另人满意的答案。

因此，当人们走过南卡塔琳娜大道 344 号时，常常看到钱学森小屋窗口的灯光彻夜不息。

物理系的大理论家保罗·爱泼斯坦在教授量子力学、相对论等选修课时，被一个亚洲学生吸引住了，几十位金发碧眼的白人学生中，有一个黑头发的学生，他那双特殊的黑眼珠经常跟随着他的讲解转，时时提出深奥的见解与思考，显得十分活跃。这个学生思维敏捷、成绩优异，提出的问题深刻而复杂，远远超出了课程的进度和范围，其他学生对这位同学提出的问题困惑不解，而爱泼斯坦教授却被刺激得师心大悦。他喜欢这位亚洲学生的提问，回答他的问题有一定难度，但很有趣，甚至有时在课堂上还不能立刻回答他，课下爱泼斯坦要主动找他探讨。

爱泼斯坦很快记住了这位亚洲学生的名字——钱学森。一天，爱泼斯坦忍不住拉住钱学森悄声问："你是中国人吗？""当然。"钱学森简捷的回答没有解开他的迷惑，他进一步追问："我想知道你是不是混血儿，具有别的血统？""不是，我是纯粹的中国人！"钱学森不加思索地回答。

"哦，是吗？你的导师是谁？"

"是冯·卡门教授。"

没过几天，爱泼斯坦遇见了冯·卡门，他与卡门聊起来："你有一个叫钱学森的学生经常听我的课，我发现他非常优秀、才华横溢。"

冯·卡门笑了，点点头："是啊，他很不错。"

"但是我很迷惑，他是东方人，可他的大脑是西方的，智商很高，你觉得他是否具有我们犹太民族的血统？"爱泼斯坦与冯·卡门都有着犹太血统。

"NO，NO，他是完全的中国人。"卡门教授接着说，"保罗，我认为最聪明的民族不仅仅是我们犹太民族，还有中国人。钱学森就是中国人聪明、勤奋的代表。"

3

美国火箭领域伟大的天才

- 导师大声吼道："给我出去！"
- "列兵A"瞬间冲出战壕
- 用中国人名字命名的公式
- 迈上新高度

导师大声吼道："给我出去！"

清冷的晨风中，有 5 个人影在摩挲的雾霭里晃动。中午时分，河谷西岸搭起了一座粗糙的火箭测试台。那里是美国洛杉矶帕萨迪纳小镇郊外一条干涸、布满沙石的河谷，人称阿洛约河谷。一切静悄悄的，只有河谷里废弃的水坝以毫无表情的白色闸门为他们把风。

这 5 个人是被他们的导师冯·卡门"撵"到这里来的。前几天他们引发的一场大爆炸险些要了他们的命，也把一向清静的加州理工学院搅了个鸡飞狗跳。

他们是学院里的一个"草根"组织——火箭小组的成员，有马林纳、史密斯、帕森、福尔曼和钱学森。马林纳、史密斯和钱学森都是航空工程系的研究生，前两人负责火箭总体设计，钱学森负责理论计算；帕森学化学，负责研制火箭燃料；福尔曼擅长机械设计，负责搞火箭结构。

这个草根组织在校园里极不受"待见"。在 20 世纪 30 年代，火箭被大多数人认为是科幻小说家和好莱坞片商才感兴趣的玩闹把戏。幸好航空系的著名教授冯·卡门喜欢这些"狂妄分子"，在他的庇护下，火箭小组才得以开展活动。由于没有经费，他们有的人到学校打零工，有的人去垃圾场捡

钱学森参加了加州理工学院火箭小组的工作

废料，甚至还有人窝在厨房里写科幻小说，希望能卖给好莱坞制片厂换钱。就在他们因筹不到购买仪器的钱、几乎要放弃火箭研制计划时，他们得到了气象系一位好心同学阿诺德1000美元的捐助，才得以度过难关。

不料，在动手做火箭试验时，他们闯了大祸。

先是马林纳和史密斯不慎在校园的草坪上打翻了一瓶燃料氧化剂：四氧化二氮留下一大片焦褐，惹火了园丁；接着，他们在实验大楼作火箭发动机试验又发生了故障，四氧化二氮和酒精的混合物点不着，喷出很多红色的泡沫和又腥又臭的气体，搞得大楼里乌烟瘴气，带有腐蚀性的气体使航空系实验室里所有仪器设备的金属表面都蒙上了一层红锈。更严重的一次是火箭发动机点火后突然爆炸，"轰隆"一声巨响，整个实验大楼晃动起来，震碎的窗户玻璃噼里啪啦四处飞溅，楼里的学生惊恐万状夺路而逃，火箭小组的成员也灰头土脸、跌跌撞撞地夹在逃窜的人群中，吓得校长以为遭到轰炸或发生了地震。

导师冯·卡门因此受到了校方的斥责，他气得粗眉倒立，对着火箭小组成员大声吼道："给我出去！"勒令他们立即搬家。从此，"草根"被学校"拔除"，校方禁止他们再踏入校园实验室一步。

5个人并不死心，他们拖着沉重的装备来到距离学校几英里远的荒僻河谷，继续着他们的危险行为。

校园里到处传诵着火箭小组的"英雄事迹"，他们被戏称为"敢死队"和"自杀俱乐部"。

"列兵Ａ" 瞬间冲出战壕

　　钱学森在"敢死队"里充当着"专职"数学家和理论家的角色。1937 年 5 月，他完成了一份题目很长的报告《火箭发动机喷管扩散角对推力影响的计算》。这份报告指出，火箭尾端喷出的火焰周径要小，才能集中推力；火焰面积过大则易导致火箭失控。钱学森还详尽地推算出，采用固体推进剂进行多次燃烧喷气而获得的脉冲式推力，可使火箭飞到 30000 米的高度，推倒了他的前辈根据静态燃烧试验得出的火箭只能飞上 3000 米、根本无法探空的悲观估计。

　　钱学森的报告收在被火箭小组奉为"圣经"的一本实验报告汇集里，成为指导他们研究工作的理论基础。

　　"敢死队"的努力终于有了回报。1938 年 5 月，他们的火箭发动机运转了整整一分钟，响亮的轰鸣声吸引了全校师生围观赞叹。当时，第二次世界大战云谲波诡，美国军方敏锐地意识到火箭在战场上将具有十分重要的作用。

　　1939 年 1 月，"敢死队"得到了国家拨给的 1000 美元经费，用以研制固体和液体火箭发动机及其推进剂。半年后，他们又得到了第二笔 10000 美元的资助，任务是建成一个发动机试验站。

　　冯·卡门认为，能得到官方交给的科研项目，证明了国家对火箭小组的首肯，因此应该给这个草根组织正正名了。鉴于火箭小组曾被冠以"敢死""自杀"的绰号，在公众中名声不好，所以他决定把火箭小组改名为喷气推进实验室（JPL），自己担任主任。实验室最初设立弹道、材料、推进、结构 4 个研究组，钱学森负责推进组，并与同事史都华共同管理弹道组。后来实验室扩张为研究分析、水下推进、液态燃料、固态燃料、材料、推进

1944年12月，担任火箭理论研究组组长的钱学森参加"列兵A"发射试验

剂、工程设计、研究设计、遥控9个组，钱学森担任研究分析组组长。

钱学森白天从事正常的加州理工学院助理研究员工作，晚上经常带着笔记本、笔和计算尺跑到马林纳家里攻关火箭。

马林纳家的房子很小，他只好把前廊改装成办公室，钱学森、马林纳和其他同事一起围着桌子、靠在藤椅上大声讨论，有时争论得面红耳赤。吵完没多久，钱学森就会把一大摊写满方程式的计算纸高高地堆在桌上。马林纳的妻子回忆道："我听见他们工作和交谈声。他们会比较各人的笔记，争辩说'你一定错了''你一定不对'。过一会儿，马林纳会大叫：'不会的！不会的！'然后大家哈哈大笑。"

很快，喷气推进实验室得到了空前发展。阿洛约干河谷里大兴土木，各种实验大楼一幢幢落成，运送物资的汽车经常在马路上排起长队。干河谷时常传出刺耳的隆隆咆哮和突发的爆炸声，附近的住家屡屡抱怨那里传出的不明声响。直到第二次世界大战结束，他们才知道那里发生的秘密。

1944年，无论是在第二次世界大战战场上，还是在火箭试验场上，都是战火纷飞、硝烟四起的一年。这年由夏入冬，钱学森全面参与了火箭"列兵A"的研制。他还邀请先后来到加州理工学院的中国留学生林家翘、郭永怀、钱伟长、周培源等参加了研究工作。每个星期三下午，钱学森都要和其他小组长会面，彼此交流各自的进展。开会时他们穿西装、打领带，一副学者的派头；而每逢实地测试时，大家衣着随便，一起挖坑搭架，吃着简单的干粮，露宿在野外蹩脚的帐篷里，直到所有准备工作就绪。

1944年12月，一辆满载装备的卡车不动声色地开抵干河谷，组装好的"列兵A"正式飞行试验。钱学森指挥了这次试验。2.5米长的"列兵A"斜靠在11米高的钢制发射架上，一声巨响，它像个勇猛冲锋的战士瞬间冲出"战壕"，飞上4500米的高空，射程达到17.6千米。

这是美国地地导弹的第一个雏形。

1944年喷气推进实验室研制的列兵火箭　钱学森参加的火箭试验
发射试验

用中国人名字命名的公式

  1939 年初夏，加州理工学院校园里艳阳高照，繁花似锦。钱学森的心情像夏天一样的晴朗和火热，经过 3 年苦读，他获得了航空和数学博士学位，成为当年 32 个博士学位得主之一。6 月 9 日，风和日丽，加州理工学院的毕业典礼在蓝天下的草坪上举行。踏着学校乐队演奏的进行曲节拍，身披黑袍的钱学森与同为新科博士的同学们一起戴上了博士帽。

  钱学森具有学术奠基意义的博士论文是他于 1938 年完成的《可压缩流体运动和反作用推进问题》，论文包括四篇文章，其中最著名的是第三篇《可压缩流体的二维亚声速流动》（Two-Dimensional

1939 年钱学森在美国加州理工学院获航空、数学博士学位

Subsonic Flow of Compressible Fluids）。他在导师冯·卡门指导下完成的这篇文章中，创建了世界闻名的"卡门－钱近似"公式，其独到的见解和原创性的贡献使他在 28 岁时就成为了世界知名的空气动力学家，也使现代世界科技史上记下了为数不多的中国人的名字。

  钱学森在美国加州理工学院攻读博士时，正赶上世界航空工业大转折的时代。螺旋桨飞机由于飞行速度慢、高度低，面临"下岗"，取而代之的喷气式飞机刚刚起步，飞机正在步入超声速时代。

  问题随之而来。在飞行试验中，设计师发现只要飞机速度接近或超过声速时，飞机的翅膀就会剧烈地抖动和振动，经常出现飞不动了的"失速"现象，还发生了好几起急速坠落、机毁人亡的严重事故。设计师们对此束手无策，航空界许多科学大腕也一筹莫展，于是喷气式飞机的设计一度陷入困境。

钱学森明知山有虎，偏向虎山行，他把攻克这一世界难题作为自己博士论文的研究内容。为了实现超声速飞机的合理设计与制造，他经过两年多的艰苦努力，查找了有关空气动力学方面的英文、法文、德文、意大利文200多篇文献。面对堆积如山、枯燥深奥的外文力学著作，钱学森废寝忘食。他不仅认真研读原著，还仔细地进行数学推导、计算与实验。那时还没有计算机，他常常通宵达旦地手工计算，一伏案就是十几个小时。

理论学习和数学计算从来就是个苦差事。不知有多少个不眠之夜，钱学森依靠纸、笔、计算尺等简陋的计算工具，演算一道道难题。有时他忽然从半梦半醒中捕捉到一些灵感，便急忙披衣起床大胆设想、编写数学方程。用手工把理论问题解译转换成实用的数学方程式，需要投入大量时间和精力。加州理工学院的一些学生因为不愿做繁琐的计算求证工作，宁可延后取得学位，有的甚至提出休学。不仅学生，还有很多有地位、有名望的科学家也把这种工作视为畏途。

钱学森凭着对物理问题的深入理解和求解数学问题的高超能力，在导师冯·卡门的指导下把空气动力学问题化为数学问题，终于成功地找到了一种新的近似计算方法，并归纳出一个公式。

这个公式可以计算出当飞机的速度接近每秒340米的声速时，空气的压缩性对机翼和机身的升力影响有多大，这使得喷气式飞机的设计有了清晰的理论依据和计算途径。

实验证明，在整个亚声速到声速的范围内，利用这个公式能比较精确地估算出各种形状机翼上的压力分布数据。这个公式被称为"卡门－钱近似"公式。

"卡门－钱近似"公式作为钱学森博士论文的一部分，以《可压缩流体的二维亚声速流动》为题于1939年发表，立即蜚声世界航空界和空气动力学界，成为飞机设计的传世经典和空气动力学的重大突破。这一年，钱学森28岁。

从钱学森保存下来的17页论文手稿中不难看出，他所用的数学工具不是工科大学生熟悉的简单的微积分，而是用以描述气体流动的偏微分方程，这充分显示了他在科学研究上的惊人才华。

从 1940 年至 20 世纪 50 年代后期计算机普遍应用前的一段很长的时间内，"卡门－钱近似"公式被世界各国广泛应用于超声速飞机设计与制造，几乎所有从事航空工业和空气动力学研究的人都知道它的重要作用。20 世纪 50 年代初，它被英、德、法、日、美等国家编入空气动力学教科书，一直使用了很长时间。直至 20 世纪 50 年代以后现代电子计算机出现，空气动力界才利用电子计算机工具，改用新的更精确的计算方法。今天，"卡门－钱近似"公式中提出的关于超声速流动的"相似律"仍是指导这一领域工作的重要原则。

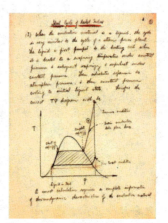

钱学森论文手稿 1

在学习现代科学技术的各门课程时，往往会学到以各国科学家命名的定律、定理、方程、公式，诸如牛顿三定律、拉普拉斯方程、伯努利方程、齐奥尔斯基公式等，不胜枚举。作为曾经创造了四大发明灿烂古代文明的中国人，不能不为近代科学技术方面的落后而汗颜。由于长期封建制度的束缚，中国确实在现代文明的旅途中大大地落伍了。

钱学森论文手稿 2

然而，在人类飞天进入第三次跨越时，"卡门－钱近似"公式问世了。这是 28 岁的钱学森和他的导师一起站在世界空气动力学界的前沿，创造的一项重大科技成果，也是世界航空业界的传世经典。"卡门－钱近似"公式证明了中国人的才华，为中国赢得了光荣。

通过博士论文后，钱学森被聘为加州理工学院的助理研究员，从冯·卡门的学生华丽转身成为这位空气动力大师的得力助手。

冯·卡门对钱学森赞爱有加："我发现他非常富有想象力，他具有天赋的数学才智，能成功地把它与准确洞察自然现象中心物理图像的非凡能力结合在一起。作为一个青年学生，他已经在不少艰深的命题上协助我廓清一些概念，使一些很艰难的命题变得豁然开朗。这种天资是我所少见的，因而他成了我亲密的同事。"

迈上新高度

德国 V-2 导弹

1944 年 9 月 8 日黄昏，伦敦市突然响起急促刺耳的警报，人们发现天上飞来了像飞机一样飞行、又长得不像飞机的"怪物"，比飞机飞得快得多，一个个"怪物"落地便发出巨大火光和激烈的爆炸响，顷刻地面上炸出 9 米多大的坑。其中一个当场死了 3 人，伤了数十人。此后，"怪物"不分昼夜不断袭击伦敦，使人们陷入无比的恐慌。

这个"怪物"就是 V-2 火箭，"V"是德文"复仇者"的字头，V-2 火箭也称复仇者 2 号火箭。它全长 14 米，直径 1.65 米，装有十字形尾翼，采用酒精和液氧作推进剂，发动机推力为 26.5 吨，起飞质量 13 吨，能将 1 吨重的弹头发射到 275 ~ 320 千米的地方，飞行全程只用 5 分钟左右。

这在当时是最先进、最重型的杀伤武器。它可从欧洲大陆直接越过英吉利海峡打击英国本土，因为飞行速度快，当时根本无法拦截。德国共向英国发射了 1115 枚 V-2 火箭，共炸死 2724 人、炸伤 6476 人，对建筑物的破坏相当大。V-2 导弹虽然在战争中扮演了不光彩的角色，但它是现代火箭和导弹的鼻祖。V-2 火箭的出现拉开了新式作战的序幕。

几乎同时，美国陆军航空兵司令阿诺德将军在第二次世界大战中深感美国新武器研制落后于纳粹德国。1944 年 9 月初，他秘密约见了冯·卡门，他告诉冯·卡门，军方需要一份关于未来空中战术、空中武力和导弹的特别研究报告，还需要冯·卡门集合一群科学家到五角大楼工作，协助空军规划设计未来20年到50年的发展蓝图。他需要有远见的科学家和他一起设计美国空

1945年4月，钱学森以美军上校身份随冯·卡门率领的美国国防部科学咨询团赴德国考察

军未来的远景规划和不可撼动的领先地位。

冯·卡门向加州理工学院请了长假，1944年12月，他正式担任美国国防部科学咨询团团长。冯·卡门迅速挑选36名科学家和工程师，组成了他的精英团队。冯·卡门向钱学森发出了热情的邀请，理由是："钱学森是加州理工学院火箭小组的元老，曾在第二次世界大战期间对美国的火箭研究作出过重大贡献。"冯·卡门还直接提名钱学森等3人担任他的助手，其中唯一的外国人就是钱学森。

1945年年初，钱学森辞去加州理工学院喷气推进实验室研究分析小组组长的职务，收拾行囊，直奔华盛顿五角大楼。作为咨询团里唯一的外国人，钱学森佩带可以参与最高军事机密的金色证章，自由出入美国陆、海、空三军最高指挥中心五角大楼。

1945年4月底，第二次世界大战结束在即。美国总统罗斯福得到密报，继佩内明德火箭基地之后，德国中部图林根州的诺德豪森市又发现希特勒秘密建设的火箭基地，他立即下令空军火速派遣专家前往欧洲探底，实地考察德国的火箭设施，并务必赶在苏联人到达之

美军发给钱学森的美国国防部科学咨询团身份证和出入证

前抓住德国火箭专家送回美国。被临时授衔的冯·卡门少将、钱学森上校，还有夏伊勒、瓦登道夫和德莱敦咨询团成员一行5人穿上军装，在弗吉尼亚州的碎石滩登上一架C-54运输机飞往欧洲。

咨询团考察的第一站是德国下萨克森州东部小城布伦瑞克市郊的弗肯罗德村。"真是难以相信，有1000多人在那儿工作，但盟军却没有听到一丝关于这个研究所的风声。"钱学森看到，这片禁地有56幢二层楼，有的房子像农舍，有的房子半埋在地下，有的房子屋顶上种着绿色植物，与周围的松林浑然一体，机场被巧妙地撒上一层灰，侦察机根本分辨不出其真实面目。他还得知，纳粹逃跑前把许多机密的设计文件和图纸埋藏在树林里，美军用金属探测器找到了数千件装在金属盒内、埋在地下的机密文件，还在一口枯井里发现了德国人藏匿的300万份有关火箭和空气动力学的机密文件。这批重达1500吨、有点潮湿的文件被送到城里，拍成了长达600多米的微缩影片运回美国，交由美国科学家不分昼夜加以研读。钱学森看到这些文件大喜过望，阅读了一些文件，不仅对他所关心的德国火箭和炸药的研制情况有了更深入的了解，还使他大开眼界和思路。他知道德国的V-2火箭虽然只有300多千米的射程，但他们已经在着手研制一种可以打到美国纽约、射程为4800多千米的导弹，他确认德国的火箭导弹技术已经走在了美国前面。

冯·卡门还意外地发现，德国一位曾经发表过"后掠式机翼"精彩见解的年轻博士阿道夫·布斯曼，在"消失"多年后，竟然隐藏在这里从事后掠翼式飞机的研制。怪不得1941年德国的后掠翼式战斗机的速度比美军的飞机快得多。考察团"提审"了布斯曼，获取了他的试验数据后，迅速决定停止美国正在研制的直翼式轰炸机，把它的机翼改为后掠翼式。考察团回到美国后不久，美国的第一架后掠翼轰炸机B-47就生产出来了。

考察的第二站是德国中部图林根州的诺德豪森。这也是一片林地，地下有很多废弃的矿井，德军利用地势，动用10000多名劳工挖山不止，建成了一座精心设计的地下工厂。整个地下厂区有一条四通八达的铁路，衔接长达数英里的生产线，火箭总装厂就在一条隧道里。美军到达时，除了发现完整的V-2火箭外，还找到了足够生产75枚V-2火箭的零部件。咨询团详察了地下工厂的整体布局和生产线，得到了纳粹德国研制火箭的第一手资料。

第三站，咨询团西行来到德国西部的亚琛，这里有他们感兴趣的德国空军基地和工业基地。然后他们驱车到达哥廷根，曾为纳粹效力的哥廷根大学各研究小组的领导人排队接受考察团的讯问。哥廷根号称"大学之城"，在十几万居民中，就有近3万名大学生。

第四站，咨询团直奔拜恩州（原巴伐利亚州）慕尼黑附近的柯其尔村。1945年5月5日，钱学森一行见到了3天前刚刚向美军投降的德国V-1火箭、V-2火箭的总设计师冯·布劳恩。钱学森要求布劳恩写一份报告，详细说明他曾经从事的火箭研究以及他对火箭技术未来发展的预测。布劳恩在报告中预见，有朝一日横跨欧美大陆只需40分钟，卫星环绕地球一周只需1.5小时，在太空建造实验室等。他最不可思议的构想是在太空悬挂一面巨镜，折射阳光，烧毁敌人的城市，蒸干敌国的湖泊与江河。布劳恩的天才预见引起了美国军方和政府的注意，成为美国发展人造卫星的诱因。与布劳恩的会面给钱学森留下了深刻的印象，"科学家一定要有前瞻性的科学远见"，这种潜意识像一颗种子，深深扎进了他的心田。

钱学森还讯问了德国知名的空气动力学家赫尔曼，他是德国V-1火箭和V-2火箭的研制、发射理论的负责人，曾领导一个设计超声速风洞的小组。钱学森惊奇地发现，赫尔曼设计火箭采用的关键理论竟出自自己的一篇论文《超声速气流中锥形体的压力分布》。

考察结束回到美国后，钱学森忙得不可开交，他一边继续在加州理工学院作研究和教学工作，一边为美国军方编写教材，还协助冯·卡门完成咨询团为美国国防部撰写的关于美国战后飞机、火箭和导弹未来发展的展望报告。1945年11月，钱学森在航空系由助理教授升任副教授，12月，他主编的空军技术教材《喷气推进》和他参与写作的长达13卷的咨询团的咨询报告《迈向新高度》终告完成。

钱学森在德国布伦瑞克考察

《喷气推进》一书长达800多页，钱学森主编的章节包括使用液体和固体推进剂的火箭、热推进、发动机、喷气辅助起飞、热动力学、燃烧、气体动力学等。书中还搜集了钱学森及其他加州理工学院教授在1943—1944年学年每周分发给军职学生的油印讲义。这是世界上第一部全面系统地论述火箭与喷气推进技术的专著，它被视作机密文件，分送给军方工程师，这本书高居"美国喷气推进研究最权威选集"的宝座多年。《喷气推进》在军方与学术界留下了深远的影响，使36岁的钱学森在航空学领域获得了仅次于冯·卡门的权威地位。

《迈向新高度》为军方机要文件，报告共13卷。钱学森是该报告的主要作者，也是所有参与写作的人之中承担写作任务最多的。他总结了欧洲各国特别是德国的研究成果与经验，以可观的篇幅描述了各地不同的风洞设施、飞机后掠翼的设计思路以及各种推进剂的性能，并且结合美国的现状，对喷气推进实验室在战时所做的各种理论分析做了详细的比较和说明。他翔实地论述和预见了高速气体动力学、脉冲式喷气发动机、冲压喷气发动机、固体与液体推进剂火箭以及超声速有翼导弹等技术的研究成果、存在问题和发展前景。

这份报告是以冯·卡门为首、包括钱学森在内的世界著名科学家给美国政府提出的战略性发展规划和切实可行的技术途径，并做为美国航空航天事业的第一份发展蓝图载入史册。报告预言，不久的将来，军事科技会有振奋人心的发展：超声速飞机将成为事实，洲际弹道导弹将在大气层外高速飞行，核动力飞行也有可能实现。报告力促国家筹措更多经费，成立更多研究中心，推动这些目标的实现。

《迈向新高度》共13卷，其中有5卷的主要执笔人为钱学森

《迈向新高度》为第二次世界大战后美国航空航天事业在20世纪下半叶的飞速发展、成为世界第一军事强国奠定了坚实的理论基础。美国专栏作家米尔顿·维奥斯特称钱学森是帮助美国成为世界第一流军事强国的科学家银河中的一颗明亮的星。

参与《迈向新高度》的编写研究工作，使钱学森得以和冯·卡门这样杰出的世界级大师一起站在航空航天科学技术的最前沿，从国家利益的高度全面、系统地思考全局。

由此，钱学森也迈向了他人生的新高度。

4

回国，何罪之有

新中国在召唤

1949年钱学森在美国加州理工学院

新婚不久的钱学森与蒋英

1949年，是钱学森在美国工作、生活最得意和最鼎盛的岁月。两年前，他与新婚妻子蒋英一同返回美国，作为终身教授在麻省理工学院担负起空气动力学等课程的教学工作；1948年他应加州理工学院邀请，到古根海姆喷气推进中心担任主任。钱学森不仅在应用数学和流体力学领域研究卓有成就，而且在航空科学和火箭技术方面也颇有建树。39岁的他功成名就，家庭和美，跻身美国科技名流和上层社会的前景已经向他招手。

1949年，也是中国历史伟大的转折点。辽沈战役、淮海战役、平津战役，横扫千钧如卷席，国民党军队节节败退、溃不成军。随着人民解放军百万雄师过大江，国民党政府土崩瓦解。10月1日，古老的天安门广场升起了五星红旗，毛泽东主席带有浓重湘音的一声宣告——中华人民共和国中央人民政府，今天成立了！

国事的变化深深地触动了钱学森。他站在了一个岔路口上，面临着三个选择：回大陆？去台湾？还是留在美国？钱学森的朋友们都认为，从个人的安定幸福、金钱地位、科研环境等出发，钱学森似乎没有理由离开美国。

国民党方面显得对钱学森很放心，因为他在中国有着显赫的华丽家族的背景，他的父亲在国民政府教育部任职；他的岳父蒋百里是国民党高级将领，与蒋介石过从甚密；他的师友胡适和对他赏识有加的清华大学校长梅贻琦以及他在清华大学的航空启蒙导师钱昌祚都去了台湾。而且，国民党政府很早就发出了聘任他当交通大学校长的邀请函，更何况钱学森手持的还是"中华民国"的护照。

共产党也高度重视海外中国留学生和学者，通过各种途径召唤他们回到祖国参加新中国的建设。中国共产党的党外朋友、爱国人士罗沛霖受中共党组织委派到加州理工学院攻读博士、开展统战工作，他成为了钱学森的好友；与中共地下党有着密切联系的美国芝加哥大学副教授葛庭燧和中共党员、香港大学教师曹日昌还致信钱学森，动员他回国效命。

曹日昌在给钱学森的信中写道："学森先生：听好几位留美的同学提到您，可惜我们没有见过面。近来国内的情形想您在美也知道得很清楚：全国解放在即，东北、华北早已安定下来了，正在积极恢复建设各种工业，航空工业也在着手。北方工业主管人久仰您的大名，只因通信不便，不能写信问候，特命我代为致意。如果您在美国的工作能够离开，很希望您能很快地回到国内来，在东北或华北领导航空工业的建立。尊意如何，盼赐一函。一切旅程交通问题，我都可尽力襄助解决。"

1949 年 5 月 20 日，葛庭燧在转交此信时附上了他写给钱学森的便签："如兄愿考虑最近期内回国，则一切详情细节自能源源供给。据弟悉，北方当局对于一切技术的建设力量虚心从事，在为人民大众服务的大前提下，一切是有绝对自由的。以吾兄在学术上造诣之深及在国际上的声誉，如肯毅然回国，则将影响一切中国留美人士，造成早日返国效力建设之风气，其造福新中国者诚无限量。"

钱学森对葛庭燧及转寄曹日昌的信极为珍惜，一直保存下来。葛庭燧在当年 11 月回到国内，1955 年当选中国科学院学部委员（院士）。1993 年葛庭燧 80 寿辰时，钱学森亲笔写信祝贺，他写道："我永远也不能忘记是你引

钱学森在美国安逸的生活

导我回到祖国的怀抱。"

就在葛庭燧替中共地下党转信给钱学森的时候，钱学森已经在与加州理工学院的同事罗沛霖等兴奋地议论回国的问题了。

1949年10月6日，新中国成立后的第一个中秋节，钱学森夫妇与同在加州理工学院学习的罗沛霖、庄逢甘等十几位中国留学生一起在校外的街心花园里聚会。举头望明月，低头思故乡，难抑的思乡之情随着夜色潜入了大家的心底。罗沛霖借机向大家介绍了国内的新变化，钱学森和同学们都有些激动，盘算着是到了该回国效劳的时机了。

不久，钱学森看到了著名数学家华罗庚1950年2月从美国回国抵达香港时发表的一篇《告留美同学的公开信》，不禁为之动容。这封万言信中写道："1949年的胜利，比一年前人们所预料的要大得多、快得多……'梁园虽好，非久居之乡'，归去来兮……为了抉择真理，我们应当回去；为了国家民族，我们应当回去；为了为人民服务，我们也应当回去；就是为了个人出路，也应当早日回去，建立我们工作的基础，为我们伟大祖国的建设和发展而奋斗！"

几天后，钱学森与罗沛霖相约在1950年暑假时一起回国。当然，钱学森对新中国并不十分了解，手头也还有许多未完成的研究课题，他想先以回国探亲的名义探探虚实。

但是，没容他动身，1950年6月6日，两个身穿深色风衣的联邦调查局探员幽灵一般进入了加州理工学院。他们闯进了钱学森的办公室，调查钱学森究竟是不是共产党员。美国政府找上门的"审问"阻断了钱学森回国的步伐，他们的卑劣行径也彻底破灭了钱学森留在美国的幻想，更加坚定了他返回祖国的决心。

宁肯枪毙他，也不能让他走

1950 年，美国麦卡锡主义者掀起一股反共排外的浪潮。正在准备回国的钱学森成为麦卡锡主义迫害的对象。钱学森的私人信件被拆，住宅电话被窃听，连他的"国家安全许可证"也被吊销了。这意味着钱学森不能继续从事带有机密性质的喷气推进科学研究，更不能留在喷气推进实验室里工作。钱学森对此非常气愤，提出抗议，并义正词严地表示，他宁肯回到中

麦卡锡

国老家去，也不愿在受到怀疑的情况下继续留在美国。他公开宣布，他要和妻子带着两个孩子一起回中国，并立即订下机票，请包装公司把行李、书籍等打了包装箱，准备离开美国。

1950 年 8 月，钱学森到华盛顿的五角大楼见海军部次长丹尼尔·金贝尔。因为钱学森曾是美国海军部的高级科研人员，在金贝尔的领导下工作过，金贝尔很欣赏钱学森的出众才华，很多科研项目都交由他去完成。在金贝尔的办公室，钱学森说明了自己的处境，郑重地宣布："次长先生，我已经准备动身回国了。"

金贝尔吃了一惊，他相信钱学森不是美共产党员，但也不能让这样一位大有作为的科学家离开美国呀。他不希望钱学森走，提出可以先在学校担任数学教授，待把所有问题澄清后再重新参加国防科研工作。钱学森拒绝了金贝尔的安排，说："你很清楚，我受到了麦卡锡主义的无理迫害，他们说我是美共产党员，吊销了我接触机密的证件，联邦调查局甚至还在罗列我所谓间谍的罪名。因此，我决定回国，这事没有什么好商量的了。"

钱学森愤然离开后，金贝尔马上拿起电话拨通了美国司法部，在电话里大声说："决不能放走钱学森！那些对我们最宝贵的资料，他知道的太多了！"金贝尔说着，好像丧失了理智，竟声嘶力竭地吼叫起来："我宁可把这个家伙枪毙了，也不能让他离开美国！无论在什么地方，他都顶得上5个师！"

1950年9月7日，以"涉嫌携带机密文件出国罪"，移民局的两位官员来到钱学森家，钱学森一身便装，什么东西也没拿就被他们带走了。移民局把他拘禁在距洛杉矶几十千米外的一座小岛上。小岛叫特米那岛，岛上有一个移民局的拘留所，拘留的全是一些非法移民，其中大多数是刚偷渡入境就被捕了的墨西哥籍来美打工赚钱的人，他们被集中关押在有着一排排窄小床铺的大房间里。

钱学森被关进了单人间，看守人员把他当作囚犯，不许他和任何人谈话，对外的一切联系全部被掐断，每天晚上每隔15分钟便跑来打开电灯，看看他在做什么，是否企图自杀，使他根本无法休息。透过加了铁栏杆的窗户，钱学森只能凭借洛杉矶夜晚隐隐约约的灯光证明自己还活在人间。

钱学森做梦也没有想到美国政府会给他这样的特殊"待遇"。他曾是众多美国成就的创造者，曾是最受尊敬的教授，但现在，他变成了一个毫无尊严的囚犯！钱学森的脸色苍白、面目憔悴、身体虚弱，他的自尊心受到了重创，在短短的13天内体重减轻了13斤。可以肯定，他的精神受到的创伤比身体的损伤更加严重。在他被关押的第12天，他的妻子蒋英过来探望，他失语了——连话都说不出来，蒋英十分着急："可

特米那岛上的移民局拘留所

蒋英在拘留所外面焦急地打探丈夫的消息

恨啊，美国人怎么在十几天里就把他折磨成了这个样子？！"

9 月 22 日，冯·卡门和加州理工学院筹集了 1.5 万美金巨额保释金交给移民局，移民局终于同意释放钱学森。钱学森事后嘲讽道："一般绑票的人开口勒索赎金也就是 1000 或 1500 美元，我还真为自己的不菲身价感到骄傲！"

尽管解除了拘留，但钱学森仍被限制不得离开洛杉矶，并受到软禁监视，有可能随时被传讯，他还必须每月到移民局登记，完全失去了人身自由。

美国联邦调查局和移民局在传讯中经常提出一些挑衅性的问题。在一次所谓的"听证会"上，美国检察官问钱学森："美国和中国交战，你将忠于哪个国家的政府？"

钱学森义正词严地回答说："我是中国人，当然是中国人民。所以，我忠于对中国人民有好处的政府，也就敌视对中国人民有害的任何政府。"

美国检察官还问："你在美国这么长时间，你敢发誓说，你是忠于美国政府的吗？"

钱学森答道："我的行动已经回答了这个问题。在第二次世界大战中，我用自己的知识帮助美国做事。"

美国检察官又问："你现在要求回中国大陆，那么，你会用你的知识去帮助大陆的共产党政权吗？"

钱学森毫不犹豫地回答："知识是我个人的财产，我有权要给谁就给谁！"

1956 年 1 月 2 日，钱学森归国后在《人民日报》上发表一篇题为《我在美国的遭遇》的文章，回忆了这段被美国当局拘禁的情况：

"1950 年夏间，我准备离开美国，由加拿大乘加太平洋公司的飞机到香港，再由香港转归祖国。我历年来积累了许多书籍及期刊，这些由运输公司代为装箱由船运香港。但是美国的特务机关知道了我的归国准备，首先由移民及规划局给我来了一个命令说，不许我离开美国国境，如果私自出境，抓到了就要罚款或监禁，或罚款而又监禁。我自然是不能离开美国了。但是正在忙着退飞机票、追回我的行李和书籍的时候，美国的海关把我的行李和书籍一概扣留，说是里面有机密文件、有电报密码、有武器的图纸、有喷射动力机的照片，然而这还不能令美国政府满意。又过了几天，美国移民及规划局的命令又来了，这次说我是美国共产党员，所以依'法'应当把我驱逐出境，为了准备驱逐我出境，把我关在移民及规划局像监牢样的看守所。这真

1950 年 8 月被美国海关查扣的钱学森八大箱托运的行李

是什么卑鄙手段都用出来了，一会儿不许我离境，一会儿又要驱逐出境，实际上是以此为借口来把我无理拘禁。"

美国政府的无理刁难使钱学森在美国又滞留了 5 年。

尽管如此，钱学森一刻也未打消回国的念头。那几年，他们全家一夕三惊，为此经常搬家。从海关退回的 8 大箱书籍、衣物等物品也一直未打开，蒋英回忆说："我们总是在身边放好三只轻便的箱子，天天准备随时获准搭机回国。"

一封求救信

　　钱学森在被美国软禁的5年里，真是历经煎熬，度日如年，日夜思念着如何脱身才能回国之事。

　　1955年5月的一天，钱学森夫妇从一张美国华人的期刊上看到报道中国庆祝五一节的消息，在刊登的一张中国领导人一起站在天安门城楼上检阅游行队伍的照片上，突然发现有他父亲的老师陈叔通副委员长的图像和名字，心中十分激动、欣喜，不禁闪过一个念头，想到求助这位与他家世交甚笃的老太师。于是，钱学森与夫人商量，决心给陈叔通写信，把自己目前的境遇告诉他，请求中国政府帮助自己一家返回祖国。

　　1955年6月15日，钱学森在给陈叔通的信中写道：

　　"自1947年9月拜别后未通信，然自报章期刊上见到老先生为人民服务及努力的精神，使我们感动佩服！学森数年前认识错误，以致被美政府拘留，今已五年。无一日、一时、一刻不思归国参加伟大的建设高潮。然而世界情势上有更重要、更迫急的问题等待解决，学森等个人们的处境是不能用来诉苦的。学森这几年中唯以在可能范围内努力思考学问，以备他日归国之用。

　　但是现在报纸上说中美有交换被拘留人之可能，而美方又说谎谓中国学生愿意

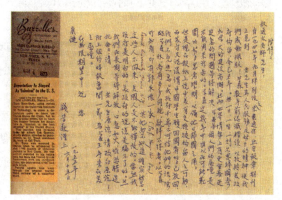

1955年6月15日钱学森给陈叔通的信

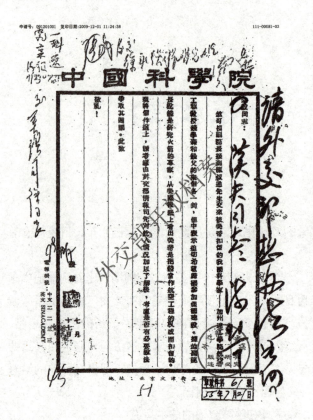

1955年7月17日，中国科学院党组书记、副院长张稼夫向陈毅副总理报告设法帮助钱学森回国之事，7月21日陈毅批示："请外交部想办法如何？"

回国者皆已放回，我们不免焦急。我政府千万不可信他们的话，除去学森外，尚有多少同胞欲归不得者。以学森所知者，即有郭永怀一家，其他尚不知道确实姓名。这些人要不回来，美国人是不能释放的。当然我政府是明白的，美政府的说谎是骗不了的。然我们在长期等待解放，心急如火，唯恐错过机会，请老先生原谅，请政府原谅！附上纽约时报旧闻一节，为学森五年来在美之处境。"

在这封信中，钱学森还附上一张《纽约时报》两年前登的一篇《驱逐对美国不利》的文章剪报，称"钱学森在洛杉矶被驱逐回中国，但同时不许他离开美国，因为他的离去'不利于美国最高利益'。"

这封信写好后，由钱学森的夫人蒋英巧妙地避开特务的盯梢纠缠，来到一家咖啡厅，投进厅门口的邮筒里，寄到比利时蒋英的妹妹蒋华家，请她转寄回国。

1955年7月11日，陈叔通接到钱学森父亲转来的信件当天，就将信交给中国科学院竺可桢副院长。第二天，竺可桢便与党组书记、副院长张稼夫商量如何拯救钱学森脱离虎口。科学院立即将此事上报陈毅副总理，7月21日陈毅批示："请外交部想办法如何"。

此时，中美大使在日内瓦会谈即将开始。钱学森写给陈叔通的信恰好给中国政府的"营救行为"提供了最好的证据，周恩来随即进行了周密的部署，他通知外交部派信使火速将钱学森的信交给王炳南大使，并指示："要在谈判中，用这封信揭穿他们的谎言。"

1955年8月1日，中美大使级会谈一开始，王炳南率先对美方代表、美国驻捷克斯洛伐克大使约翰逊说："大使先生，在我们开始讨论之前，我奉命通知你下述消息，中国政府在7月31日按照中国的法律程序决定提前释放被俘的阿诺德、

用来换回钱学森的美军战俘

鲍默、施密特、科巴、布克和布朗等11名美国飞行员和军人，他们已于7月31日离开北京，估计8月4日即可到达香港。我希望，中国政府所采取的这个措施能对我们的会谈起到积极的影响。"

8月2日至4日，中美大使级会谈继续进行。约翰逊在表示谢意后，又拿出一份写有36人姓名的名单说：美国关心仍被中国拘留的美国人，希望他们能够立即被释放。随后，王炳南大使也拿出一份被美国限制出境的中国人的清单，清单上的姓名后面标明了他们的住址。约翰逊瞟了一眼名单，矢口否认美国政府扣留中国人的事实，他冠冕堂皇地狡辩说："我国政府授权我向您保证，中国留学生离开美国，绝对不会受到阻碍。"

王炳南大使立即提出钱学森回国的问题，约翰逊依旧老调重弹："没有证据表明钱学森要求归国，在钱本人没有提出这项要求的情况下，美国政府不能为满足中国的需要，强迫一个有行为能力的人做他不愿意做的事！"这时，王炳南亮出了钱学森给陈叔通的信件，理直气壮地予以驳斥："既然美国政府早在1955年4月间就发表公告，允许留美学者来去自由，为什么中国科学家钱学森博士在6月间写信给中国政府请求帮助呢？这是钱学森写的一封亲笔信，大使先生你可以仔细看看。很显然，恰恰是你们违背了本人的意愿，中国学者要求回国依然受到了阻挠。"在铁的事实面前，约翰逊哑口无言，只得悻悻表示将向美国政府转达这一情况。两天后继续谈判时，约翰逊表示美方已经同意钱学森回国，但"解释"说，在朝鲜战争期间，美国政府

根据发布的命令，凡是在美国受过像火箭、原子能以及武器设计这一类教育的中国人不准离开美国，所以才发生了这种情况。

经过艰苦的谈判斗争，美国政府终于在 8 月 5 日匆忙告知钱学森，准许他回国。后来，周恩来总理在谈起此事时意味深长地说："中美大使级会谈虽然没有取得实质性成果，但我们毕竟就两国侨民问题进行了具体的建设性的接触。我们要回了一个钱学森，但就这件事来说，会谈也是值得的。"

钱学森接到美国政府准予其回国的通知时，欣喜万分，兴奋之情溢于言表。他和家人深切地感到，新中国伸出的援手让他们有国可回了。

归心似箭

钱学森归心似箭，一刻也不想留在他的伤心之地美国了，他立即去订购回国的船票。从洛杉矶始发的轮船票已经没有了，最近一班从旧金山始发、途径洛杉矶驶往香港的"克利夫兰总统"号邮轮只剩下三等舱的票。钱学森担心夜长梦多再生意外，毫不犹豫地决定搭乘这一班邮轮动身。

1955年9月17日，钱学森携夫人蒋英、7岁的儿子永刚、5岁的女儿永真从洛杉矶码头登上"克利夫兰总统"号起航，全家充满了喜悦的心情。正巧，这一天又是钱学森与蒋英结婚8周年的纪念日，真是双喜临门。尽管长期因回国奔忙、焦虑而十分疲惫，但钱学森仍然喜形于色，显得特别有精神。他们一家在甲板上拍了一张照片，44岁的钱学森西装革履，儒雅中透着喜悦，36岁的蒋英长裙短衫微笑中不失高雅，两个孩子稚气未脱也显得轻松愉快。

钱学森在洛杉矶港口回答记者提问时，十分从容地说："我非常高兴能回到

1955年钱学森一家从美国前往香港的船票

钱学森一家启程回国时，在克利夫兰总统号轮船的甲板上留影

回国，何罪之有　　　63

自己的国家，我不打算再回美国。我已经被美国当局刻意地延误了回祖国的时间，其中原因，我建议去问问你们的政府。我打算竭尽努力，去和中国人民一起建设自己的国家，使我的同胞能够过上有尊严的幸福生活。"他说到"尊严"一词时加重了语气，这其中蕴含内心的苦楚和愤恨是常人难以体会的。

码头上，挤满了送行的人群，钱学森在加州理工学院和喷气推进中心的很多朋友前来告别，他们非常惋惜失去了钱学森这样的卓越人才。由于三等舱太小，朋友们送来的鲜花和礼品只能堆在过道里。

在钱学森搭乘邮轮离开美国的第二天，9月18日美国合众社发布了钱学森一家返回中国的消息，消息说："他是1935年到美国搞研究的，他们夫妇的两个孩子也同船回家。他的妻子也生在中国，她完全赞同他回国的计划。"

"他说，飞弹（导弹）研究工作只是他这个工程学家研究的一小部分。他的回国绝不是'匆促判断'的结果，而是'长时间'就想这样做。'我同情中国政府，我相信我的前途是在中国，我对美国人民并无怨恨。全世界的人民都是一样地在谋求和平、谋求幸福'。"

钱学森在"克利夫兰总统"号邮轮上庆祝一家双喜临门，许多同船回国的留学生和学者纷纷慕名来向这位著名的科学家表示祝贺，并同他一起交流冲破阻扰争取回国的艰辛和畅谈回国后投入新中国建设的憧憬。邮轮上盛满了钱学森和海外学者们的归国之情。

1955年10月1日，在"克里夫兰总统"号邮轮上的"同学会"组织学者们举行了"庆祝中华人民共和国诞生六周年"活动。钱学森和妻子以及一双儿女都穿戴整齐，一起来到邮轮上的小餐厅，看见墙壁上挂着庆祝会的会标，会标乃是全船学子们昨晚精心制作的一面五星红旗。庆祝会奏响了《义勇军进行曲》，大家兴奋、庄重，向国旗行注目礼。钱学森应邀在会上做主题发言，他满怀激情地说："我身未到祖国，心已经飞回去了！"他回顾了自己收集到的新中国成立6年来改天换地的建设情况，然后说到祖国的经济建设迫切需要各方面的人才。因此，他深切地感到，大家回国之后，将大有用武之地。他真诚地与大家共勉："同学们、先生们、朋友们，祖国强盛是我们每个在海外学习和工作过的华夏子孙的夙愿，我们的一切才智属于祖国，属于人民。现在，向祖国贡献自己的学识和才华的日子到了，让我们携手共勉吧！"

钱学森热情、激昂的讲话赢得了同胞们的热烈掌声，引起了大家的共鸣。全场更加活跃起来，人们纷纷发言表态，倾诉对祖国的思念和归国效力的愿望。蒋英也在庆祝会上放声歌唱，两个孩子也进行了精彩的表演。他们和所有的归国同学们都沉浸在欢乐的氛围里。

庆祝会后，大家商议发布一份关于声讨美国政府迫害要求回国的中国科学家的书面声明，钱学森接受推荐参与起草了声明的工作。当声明草稿拟就之后，"同学会"派代表向邮轮负责人交涉，要求船方打印这份声明，但遭到船方拒绝。钱学森气愤地说："我们是乘客，船方有义务为我们提供力所能及的服务。他们没有理由拒绝我们的合理要求。"

钱学森的儿女在回国的轮船上表演节目

钱学森支持并鼓动继续与船方进行合理合法的斗争。在邮轮"同学会"的努力交涉下，美国船方迫于中国同胞的压力，不得不答应"同学会"的要求，用船上打字机打印了这份《向祖国致敬》的声明，让世界了解了这一真相。

到家啦

1955 年 10 月 8 日清晨，"克利夫兰总统"号邮轮抵达香港，钱学森早早起床，眺望窗外，不觉眼睛湿润起来。经过 20 年的漂泊岁月后，他终于要回到家乡了。

中国政府为了保证钱学森等科学家的安全，特意通过在港的中国旅行社直接到海上把他们接到香港九龙火车站。

钱学森一家与同行的 30 多位中国留美学生由香港尖沙咀登上了开往深圳的客车，于 1955 年 10 月 8 日进入国门。钱学森通过中国海关时，望着大楼顶上飘扬着的五星红旗不禁百感交集，止不住流下泪水，心中不由感叹：海外游子终于回来了！

深圳罗湖海关

当晚他在笔记本上写道："那是我们的国旗，那样光明，在阳光下闪烁着。瞬间，我们全都屏息而视，眼中涌出了泪水。我们走过小桥，终于踏上了国土，回到我们的国家，我们值得骄傲的国家。

祖国的亲切和温暖，使我深受感动。我为自己有一个强大而进步的祖国感到无

1955 年，钱学森一家在香港尖沙咀乘火车

限的自豪。我要把我的全部力量献给社会主义建设，为祖国培养迫切需要的科学研究人才。"

中国政府一直关心着钱学森的归国行程。党和国家领导人周恩来总理、陈毅副总理对钱学森回国做了精心部署安排，由中国科学院专派中华全国自然科学专门学会联合会秘书处负责人朱兆祥前往深圳欢迎钱学森归来。朱兆祥后来回忆了他奉命赴深圳迎接钱学森的情景：

"那时我不认识钱先生，出发前特别到上海拜访了钱先生的父亲钱均夫老先生，钱老先生给了我钱学森夫妇和子女永刚、永真的一张合影，以便辨认……我终于接到了钱学森先生一家，永刚和永真两个天真的孩子拉着我的手，他们也和父母一样沉浸在回到祖国的幸福之中。钱学森对同行的李正武教授不住地说：这下我们真的回到祖国了，恭喜！恭喜！"

从 1955 年 10 月 8 日到 28 日，由朱兆祥陪同，从深圳经广州、上海、杭州到北京，钱学森一路受到各地政府和科技界的热情接待，深切感到祖国对他的关爱和期盼，他看到了新中国蒸蒸日上的建设面貌，心中欢欣鼓

1955 年 10 月 12 日，钱学森从美国归国到达上海。这是钱学森和家人在上海家中的合影

回国，何罪之有　　67

舞、感慨万分。

10月13日，钱学森一家到了上海，见到了74岁的父亲，父亲十分高兴，不住地说："回来就好，回来就好。"两天后，钱学森一家回到祖籍杭州，来到母亲章兰娟墓前祭奠时，钱学森不禁想起母亲在他儿时讲述岳飞精忠报国的感人故事，现在自己已经长大从海外回来，应该为我们的国家效力了。他心中默念着：妈妈，我和蒋英看你来了，还有你的孙子、孙女，他们虽然没有见过你，但都很想念你。看见他们，您在九泉之下也该高兴了吧！

1955年10月28日，中国科学院副院长吴有训（右）和周培源（中）到北京火车站迎接钱学森

10月28日，在朱兆祥的陪同下，钱学森一家到达北京，中国科学院副院长吴有训和周培源、钱伟长、华罗庚、赵忠尧等著名科学家到前门火车站欢迎。他对此盛情迎接，心中充满感激，表示要为祖国效力，报答大家的期望和关怀。钱学森一家暂时被安排在长安街上的北京饭店，他第二天清晨就领着一家步行到天安门广场，心中不住地赞叹："北京太美了！""祖国确实站立起来了！"钱学森深切地感到，新中国虽然才成立几年，面貌却发生了翻天覆地的变化，这是他回国之前没想到的。他感觉自己激情满腔、热血沸腾，充满了一种为祖国服务的神圣使命感。

5

人生转折

夜幕下的哈尔滨

临近 12 月的哈尔滨，早已冰封大地，一派北国风光。

1955 年 11 月 22 日，钱学森正式到中国科学院报到。但是，他接受的第一项任务却是去东北参观考察和讲学。原来，东北是当时中国最集中的工业基地，中央希望钱学森从这里了解中国的工业基础、技术水平等基本国情。

令钱学森始料未及的是，他在东北考察的第一站哈尔滨遇到了一个急切想找他"探探底儿"的人，这个人就是副总参谋长兼哈尔滨军事工程学院院长的陈赓大将，"指使"他的是国防部长彭德怀元帅。

彭德怀和陈赓都是在抗美援朝战场上跟美国人打过仗的高级将领，他们在朝鲜战争中第一次领教了海陆空三军协同、现代化武器装备、机械化大兵团作战的厉害。当志愿军雄赳赳气昂昂地跨过鸭绿江的时候，彭德怀得到的是这样的一份密报：

朝鲜战场中美两国陆军师装备对比

对比内容	美军陆军师	志愿军入朝师
坦克	149	0
榴弹炮	72	0
无后坐力炮	120	0
高射炮	64	0
70 毫米以上迫击炮	76	42
山炮	0	24
汽车	3800	0
步兵团	3	3
炮兵营	5	2
坦克营	1	0

仗打起来之后，彭德怀更加明白了差的还不仅仅是陆军师的装备。在空中，美军动用了1200架飞机，而志愿军满打满算只有110架飞机；在海上，美军的大舰小艇甚至航母占领了海上通道，而当时中国的海军还没有建立。和美国人的武器装备相比，志愿军根本没有制空权和制海权，许多战士牺牲在美国飞机的狂轰滥炸下，被包围的美军却往往能在强大的空中和海上火力支援下突破重围、逃之夭夭。

美国出兵朝鲜

虽说志愿军取得了抗美援朝最终的胜局，但是付出了伤亡多于对手一倍以上的

缴获日军的轻型火炮是志愿军入朝初期的武器

代价，着实让彭德怀心痛和窝火。朝鲜战争结束后，美国动不动就挥舞核武器的大棒，干涉台湾事务、威胁我国主权，新中国领导人迫切希望加快现代化国防建设。这时火箭专家钱学森回国，理所当然地引起了中央领导和军方高层的重视。彭德怀就火急火燎地想约谈钱学森，当面向他讨教良策，但是他很快得知钱学森已经被中国科学院"抢走"当了力学所所长，所以一时苦于找不到一个合适的机会。

机会还真的悄悄来了。

在哈尔滨考察时，钱学森提出能否去看看曾经在加州理工学院学习的两位朋友，他们都在哈军工任教。陈赓闻讯大喜过望，真是天赐良机！于是他赶紧向彭德怀报告，并得到了一项"探钱学森底儿"的秘密使命：一是看他能不能在尖端武器方面为国效力，二是新中国的这点基础干不干得了尖端武器。

第二天，极少为外界打开大门的哈军工敞开了校门，陈赓专程从北京飞到哈尔滨亲自迎接钱学森："欢迎啊！欢迎钱先生来学院参观指导，我是陈赓啊！"

陈赓把学院领导向钱学森一一作了介绍，然后同钱学森从礼堂到操场再到实验室，从空军工程系到海军工程系再到炮兵工程系，让钱学森看了个够。陈赓真诚而风趣地说："我们学院敞开大门欢迎钱学森先生。对于钱先生来说，我们没有什么秘密要保的。那些严格的保密规定无非是在美国人面前装蒜，不让他们知道我们的底细。"

钱学森在学院里见到了昔日的校友，参观了固体火箭试车台、炮兵射击训练的模拟装置等，并饶有兴趣地与学院的教师们讨论火箭推进剂的配方、修正炮弹落点偏差等问题。陈赓见钱学森谈兴甚浓很是投机，觉得"时机"成熟了。

晚宴之时，机敏的陈赓巧借请教火箭知识之机，三两句话就拐上了火箭的话题，引得钱学森很快就上了"套"。当他介绍了第二次世界大战后美、英、法等国的陆、海、空军都逐步采用各种火箭导弹装备后，陈赓抓住话题单刀直入向钱学森提问："中国人搞导弹行不行？"

钱学森刚从美国受尽屈辱地回来，正憋着一肚子气，他很干脆地回答说："中国人怎么不行啊？外国人能搞的难道中国人就不能搞？中国人比他们矮一截？"陈赓大将听了以后非常高兴："好极了，就要你这句话！"

夜幕下的哈尔滨，陈赓满意至极，钱学森的人生轨道也从这里开始了转折。

回到北京后不久，陈赓陪同钱学森去看望正在住院的彭德怀。一见面，彭德怀就紧紧握住钱学森的手说："欢迎，欢迎！我们太需要你这样的火箭专家了！"落座后，他开门见山地说："钱先生，我是个军人，今天找你来，想谈谈打仗的问题。我们是社会主义国家，不会去打人家。但我们一定要把部队用新式武器装备起来，落后就要挨打。我很想知道，我们中国人能不能自己造出导弹来？能不能先搞出一种短程导弹，比方说打300到500千米，这需要什么样的人力物力和设备条件？估计需要多少时间？"彭德怀像打机关枪似的，嘟嘟嘟嘟把一梭子湖南话放了出来。钱学森略作思考，问道："这种短程导弹以什么为目标呢？"

彭德怀说："我们时时受到美帝国主义和台湾蒋介石的武力威胁，所以当前急需是解决防空导弹和对付海上目标的导弹。"

钱学森在东北转了一圈，对中国的基本国情有了大致的了解，他告诉彭德怀，以现在的技术基础，如果研制300～500千米射程的近程导弹，在结

72

构和发动机方面，两年内有望解决。关键是把导弹打出去以后能把它控制住的那一套东西，也就是自动控制技术，恐怕短时间内难以突破。他举例说，在第二次世界大战时，德国人用 V-2 导弹打伦敦，由于自动控制系统差，导弹命中率很低，绝大多数导弹都掉在城外刨了"地坑"。

彭德怀显然听懂了钱学森的话，赞同说："是的，是的，如果导弹打出去像没头苍蝇一样乱飞一气，还怎么消灭敌人呢！"

钱学森又把自动控制的原理、由哪几个部分组成、有些什么难点、怎么解决深入浅出地做了讲解。彭德怀听得很入神，接着又问："那么，这个自动控制几年能搞出来？"钱学森考虑片刻回答说："搞导弹不是一件容易的事，美国从军方开始支持搞导弹，到搞出第一枚导弹用了近 10 年时间。我想，我们可以比他们快，有 5 年的时间，我看是可以的。"怕彭德怀不放心，钱学森又语气坚定地说："我们中国人不笨，外国人能搞的，中国人也能搞出来！"

制订规划献鸿猷

1956年的钱学森

1956年1月25日，毛泽东主席在最高国务会议上说："我国人民应该有一个远大的规划，要在几十年内努力改变我国在经济上和科学文化上的落后状况，迅速达到世界上的先进水平。"当年2月底，制订了新中国第一个远大规划——《1956—1967年科学技术发展远景规划纲要》（简称12年规划）。周总理明确提出，"在制定这个规划的时候，必须按照可能和需要，把世界科学的最先进成就尽可能迅速地介绍到我国的科学部门、国防部门、生产部门和教育部门中来，把我国科学界所最短缺、又是国家建设所最急需的门类尽可能迅速地补足起来，使12年后，我国这些门类的科学和技术水平可以接近苏联和其他世界大国。"钱学森、李四光、茅以升、竺可桢、吴有训、钱三强、华罗庚、严济慈等全国600多名科技专家参与了规划的制订。

中国科学院院长郭沫若是规划编辑委员会主任，当时急需一个综合组组长负责整个规划项目的评价、裁决、选择和推荐工作。他冥思苦想找不到一个合适的人选，十分着急。秘书知道后，提醒郭沫若钱学森可以承担此职。

郭沫若一拍额头大声叫好："呀，我怎么把他给忘了！"

事实证明，钱学森当这个综合组组长十分称职。

12年规划提出了57项重要科学技术任务，并从中提出带有关键意义的12个科研重点，还确定了6项紧急措施：原子能、导弹、电子计算机、半导体、无线电电子学和自动化技术（当时对外公布时，只提到后面四项，前面两项属于保密项目）。在确定这6个紧急措施的过程中，曾经有过激烈的争论，最后能取得一致意见，钱学森在其中起着非常重要的作用。

以电子计算机为例，当时人们只知美国的电子计算机每秒能运算8000次，但是它有何用途、它未来的发展趋势和广阔的应用前景，大家并不那么清楚，所以作不作为国家的发展重点，争议较大。

钱学森是个不太爱讲话的人，但是一旦讲话，就具有相当强的穿透力和感染力。他在美国名校的讲台上练就了逻辑严谨、条理清晰、重点突出的三大本领，又和导师冯·卡门一起游说过美国国防项目的投资人，懂得如何作科普宣传。所以，在12年规划讨论会上，他一次又一次地作宣传和说服工作。他说，水轮机的设计过去要进行许多实验模拟，理论上只能在极其简化的条件下进行计算。如果使用电子计算机，就可以在方程式中把影响水轮机设计的种种因素都放进去，用数值方法把复杂方程精确求解，这样就可以用最短的时间、以最经济的方法做出最佳的设计。他还举例，过去数学家所能研究的方程是线性方程，如流体力学方程，对于非线性方程只好采用线性近似的方法，这就丢失了原来方程式中所蕴含的许多特点；使用电子计算机，就可以用数值方法来求解非线性方程，当然也因此提出了发展计算数学的种种理论问题。

钱学森告诉大家，在国外电子计算机已经可以和人对弈下棋了，这表明计算机可以代替人的部分思维。当有人怀疑电脑怎么会胜过人脑时，钱学森回答说，人的计算远不如电子计算机快捷，人脑工作久了就会疲倦，所以电脑在某些方面确实能胜过人脑。钱学森还介绍了电脑的记忆功能、逻辑功能、甚至于学习功能等，指明这是极有发展前景的领域。他的真知灼见，最终被大家接受。

钱学森还对自动化技术问题做了很好的论证。他向大家解释了生产过程机械化和生产过程自动化的差别。机械化只能按一定生产程序去操作机器，而自动化却是在电子计算机控制下能适应各种不同情况而自动工作。他说，未来工业的发展必然要走向自动化操作，这不仅可节省大量劳动力，而且是保证高质量产品所必需的。尤为重要的是，在未来战争中必须有自动化的攻防装备，否则就不能适应高灵敏的快速反应的战争需要。

钱学森还特别提出农业耕作的自动化问题。他认为，中国农业发展的特点是精耕细作，如同绣花一样，所以必须发展自动化农业机械，必须在农业机械上引入控制机。

钱学森也热情支持半导体的研究。因为利用半导体能制成体积小、寿命长并稳定可靠的二极管和三极管，这对发展无线电电子学、自动化技术至关重要。

钱学森由郭沫若提名担任了由 12 名科学家组成的综合组组长，负责整个规划项目的评价、裁决、选择和推荐工作，综合各方面的建议，最终供领导决策。不言而喻，这一工作十分艰巨而关键。

钱学森善于从整个国家的高度，全面、系统地思考全局性、战略性的规划，在他的主持下，综合组逐项地讨论 57 项重大科技任务。在讨论中，他除了从国家经济建设、国防建设需要的角度来审定这些项目的指导思想，还总是从现代科学发展前景的角度提请这些项目的倡议者或草拟者注意现代物理和化学的成就对解决这些重大科研任务的作用和影响，使得这些科学研究项目的制订具有很强的前瞻性。

国务院科学规划委员会秘书长、中国科学院副院长、党组书记张劲夫在 2001 年的文章中回忆道："当时，钱学森同志是力学所所长，还担任 12 年科学规划综合组组长。那时我 42 岁，钱学森同志长我两岁半。40 多岁的他，身材不高，宽阔的脑门下一双深邃睿智的眼睛，白净的脸庞透着秀气，思维活跃，知识渊博，离开祖国 20 年之久，仍说一口标准的普通话，浓重的京腔京味，使我感到惊讶。他所做的关于核聚变的精彩报告令人眼界大开，使大家看到了当时世界科学技术的前沿。在规划制订的过程中，钱学森发言很积极，他用自己的

郭沫若题诗

智慧给规划出了不少好主意，特别是亲自主持制订的第 37 项任务'喷气和火箭技术的建立'，我感到既志存高远又切实可行……在规划完成后，又提出'四项紧急措施'，即计算机、自动化、电子学、半导体，包括落实这些措施，学森同志也是立了大功的。"

中央领导对他的工作十分满意，参加规划工作的中国科学院领导和有关科学家们也赞口不绝。国务院科学规划委员会副主任、中国科学院院长郭沫若诗兴大发，赋诗一首赠予钱学森：

大火无心云外流　登楼几见月当头。
太平洋上风涛险　西子湖中景色幽。
突破藩篱归故国　参加规划献宏猷。
从兹十二年间事　跨箭相期星际游。

为什么要优先发展导弹

钱学森和大家讨论工作

1956 年 4 月，在制订《1956—1976 年科学技术发展远景规划纲要》时，还发生过一场争论：在条件有限的情况下，新中国是优先发展飞机，还是优先发展导弹呢？

当时，导弹在国人心目中还是个模糊的词汇，大多数人不知道它是什么。那时候，苏联的人造卫星还没有上天，洲际导弹还在试验中，导弹能否成为国防的利器，也没有得到公认。而中国又是一个科学技术比较落后的国家，中国有没有能力去发展这种技术，中国会不会犯战略决策上的错误，这都是大家心中的疑问。相反，新中国的军事将领们对刚刚结束的朝鲜战争记忆犹新，对飞机在战争中的重要作用有深刻的认识。因此，一些工业部门和军事部门的同志提出，在国家未来发展的规划中应重点发展飞机，以巩固我国的空防。

可是钱学森并不这么看，他态度鲜明地反对优先安排发展飞机，而提出优先发展导弹。当时曾极力主张上飞机的空军司令员刘亚楼听说钱学森的观点后大吃一惊——钱学森本是航空气动方面的专家，是航空专业的博士，我们国家的飞机制造业又这么落后，他是大有用武之地呀，他怎么会反对首先发展飞机呢？

依刘亚楼看，优先发展飞机、掌握制空权是当务之急，朝鲜战争就是证据，他还拿出了美军统帅李奇微的反面"证词"："要不是我们拥有强大的火力，经常可以得到近距离的空中支援，并且牢牢地控制着海域，则中国人可能早已把我们打垮了。"像刘亚楼一样，持这种意见的人不在少数。

钱学森是沿着美国航空航天历史轨迹走过来的人，他深谙世界各国的发展道路都是先有航空、后有航天，他自己也曾说过："从航空的历史来看，导弹是 50 多年来飞机发展的自然结果。"那么，钱学森为什么会有先搞导弹的想法呢？

首先，他一回国就考察了东北工业基地，从当时的国情来看，他认为我国短期内不可能在发展飞机上取得快速突破。美、苏、欧洲拥有制造飞机能力的国家都是先有汽车工业，几乎都是在汽车工业基础上发展了航空工业。而我国 1956 年还没有一辆自己制造的汽车。旧中国的航空工业基本是个空白，国民党撤离大陆后留下了一个烂摊子。虽说到 1953 年情况有了好转，国家建设了生产米格 -17 飞机的沈阳飞机厂、制造雅克 -18 活塞式飞机的南昌飞机厂、制造喷气发动机的沈阳发动机厂、制造活塞发动机的株洲发动机厂和哈尔滨飞机制造厂，但是飞机的难点在材料，特别是发动机需要的材料，在工业基础十分薄弱的我国不可能在短期内解决；飞机要坐人，要重复使用，所以对飞机的可靠性、安全性都有很高的要求，都要经过长时间的攻关；飞机还涉及飞行员训练、地勤空勤等庞大的维护保障系统，既非一日之功，又需要长时间的经验积累。

其次，从战略博弈的角度分析，发展导弹是战略取胜的捷径。要想在十多年的短时间内接近或赶上世界先进水平，必须抓住主要矛盾，从有利的方向上取得突破。中国当时的首要任务是如何不挨打，然后是如何还击敌人。从这个角度看，无论是防御还是攻击，导弹都有优势。钱学森掰着手指比划道："你看，导弹比飞机飞得快，可以达到 10 倍声速以上，而超声速飞机最多为 3 倍声速；导弹打飞机一打一个准，而飞机打导弹则很难打得着。还有啊，导弹飞得比飞机远。还在第二次世界大战时，德国研制的 V-2 火箭从荷兰飞过英吉利海峡轰炸英国，射程就达到了 300 多千米。如今，苏美两国都在搞射程上千千米、上万千米的导弹，都把能够打到对方领土的战略导弹作为发展的重点。朝鲜战场上苏联援助我国的米格 -15 飞机作战性能非常棒，

米格 -15 战斗机

但它的作战半径只有 300 千米，飞不到三八线就得返航，所以，飞机飞行的距离很受限制。"

钱学森说：从技术上看，导弹技术并不比飞机更难，研制进度会快得多，况且导弹的使用是一次性的，相对飞机要容易解决得多，发展导弹技术唯一要解决的难题是制导问题，但这在短期可以突破。如果我们从导弹入手，几年之内国家的防空问题可以解决，不挨打和还击敌人的问题也可以解决，我们赢得了与对手战略抗衡的时间，有利于航空工业积累经验、稳步发展。

第三，从国防的未来发展来看，导弹加上核弹头是必然之路。钱学森在与国家高层领导的接触中，敏锐地感觉到中国正在发展原子弹。他以一个火箭科学家的职业敏感意识到要搞原子弹就离不开导弹，原子弹要真正形成战斗力和威慑力，必定需要导弹作为运载工具，二者必定会"两弹结合"。

他知道，核武器没有导弹相辅，对一万千米以外的目标就不具有威慑力，而导弹没有核弹头也就形成不了强大的杀伤破坏力，两者缺一不可。钱学森举例说，二战爆发以后不久，美国罗斯福总统多次把科学家找来共同讨论美国如何发展科学技术问题，当时就叫了冯·卡门等科学家。他们讨论来讨论去，做出要尽快搞导弹发射、搞原子弹和氢弹这个英明的决定。

钱学森还告诉大家，火箭、导弹技术的发展将彻底改变现代战争的模式，导弹可以从地面、地下、空中、水下或机动装置上发射出去，是赢得未来战争的战略性武器。当然，我们中国人今后还要走出地球，还要搞星际航行、开发宇宙资源、和平利用外层空间，这都离不开火箭呀。

　　归国时的钱学森已经是集航空和航天科技理论、战略规划、工程实践和科学管理于一身的著名科学家。他曾亲身参加美国第一枚气象火箭"女兵下士"和美国军方第一枚原始型导弹"下士"的研制工作。他在火箭、导弹技术的总体、动力、制导、气动力、结构、计算机和质量控制等各个专业领域积累了丰富的知识和经验。因此，钱学森对中国该不该优先发展火箭、导弹技术，能不能独立发展火箭、导弹技术的判断，是有科学依据和清醒的估计的。在这个可能改变中国命运的关键历史时刻，敢不敢挑战世界航空、航天发展的金科玉律？中国能不能走别人没有走过的路？

　　钱学森义无反顾地选择了——能！

　　钱学森一整套精辟的分析终于结束了争论，优先发展导弹被大家接受，导弹最终被列入国家 12 年规划中 6 项紧急措施之一。

　　事实证明，这一战略决策是完全正确的，在较短的时间里我国拥有了导弹核武器、地空导弹、海防导弹、潜地导弹和洲际导弹，有效地保卫了我们年轻的共和国、维护了世界和平。钱学森在此决策方面所起的作用，在当时是没有第二个人可以替代的。

6

吹响中国导弹
集结号

穿便衣的"高级将领"

1956 年 10 月 8 日，晴空丽日，蓝天如洗，秋风吹跑了夏热，阳光格外温暖。我国第一个导弹研究机构——国防部第五研究院成立大会悄然在北京西郊（现航天桥附近）举行。中国的航天事业从此开始起步。

几天前，北京军区空军 466 医院被命令在最短的时间内搬走，一群神秘的人紧接着进驻了这所还弥漫着强烈消毒药水味道的医院大楼。

成立大会就在医院的食堂里召开。会场简单朴素，正前方的小土台上摆着一张旧三屉桌和几把旧靠背椅，台下左右两边摆着几排仅有巴掌宽的长条木凳，左边坐着机关各部门领导和工作人员，右边坐着专家、技术人员和新分配来的大学毕业生。参加会议者不超过 200 人，包括 30 多名专家和技术人员，北京航空学院、北京邮电学院的代表，几十名从部队调来的官兵，另外 100 多人是大专院校刚毕业的大学生。人们可能无法想象，研制导弹——这个中华民族惊天动地的伟大事业竟是从这样简陋的地方迈出了具有历史意义的第一步。

会场尽管简陋，却显得格外庄重。人们静静地坐着，不时向门口张望，等待首长到来。不一会儿，国防委员会副主席、航空工业委员会主任聂荣臻以及钱学森、航空委员会秘书长安东、外贸部部长助理李强、二机部四局副局长段子俊等人出现在食堂门口，在众人的注目下走进会场，登上了土台。

聂荣臻郑重宣布：国防部第五研究院正式成立，由钱学森担任院长。看得出，一向谦和的聂荣臻非常激动。他环顾一下会场，说："在座的各位，从今天起，你们就是中国导弹事业的开国元勋啦！眼下人手虽少，但只要大家团结一心，艰苦奋斗，中国的导弹事业一定会有美好的前景。"他特别强调：

"我们对导弹的研究制造应采取自力更生为主、力争外援和利用资本主义国家已有的科学成果为辅的方针。"他的话音刚落，全场再一次响起了经久不息的掌声，许多人的泪水模糊了双眼。担任五院第一任院长的钱学森接着发言。十分凑巧，这一天正好是他返回祖国一周年的日子，刚回国时他担任了中国科学院力学所所长，现在他又要做一件共和国交给他的惊天动地的大事。

国防部五院唯一不穿军装的
院领导——钱学森

这件大事就是带领中国人造导弹！

他说："这是一个宏伟的、具有远大前途的事业。投身这个事业是很光荣的。大家既然下决心来干这一行，就要求大家终生献身于这个事业。由于工作性质的关系，干我们这一行是出不了名的，所以大家还要当无名英雄。我们是白手起家，创业是艰难的，我们会遇到意想不到的困难。但是，我们不会向困难低头。我说，对待困难有一个办法，那就是'认真'两个字。只要大家认真对待，就没有攀登不上的高峰，就没有克服不了的困难。我相信我们一定会完成党中央交给我们的任务。我们一定要下决心完成这个光荣任务。"

钱学森结合自己的经历，生动地讲述了攀登科学技术高峰的艰辛和乐趣，号召大家刻苦学习钻研、献身祖国的导弹事业，希望在座的青年人先立业、后成家，不要过早谈恋爱。他告诉大家，自己就是在事业有成之后的 36 岁才结婚。

想不到鼎鼎大名的钱学森既有高深的学问、深邃的思想，又那么平易近人，他的讲话多次被一阵阵热烈的掌声打断。

从这天起，我国的导弹研究事业拉开了大幕。没有欢天喜地的锣鼓，没有漫天飞舞的彩旗，有的是每个人心里沉甸甸的责任。

其实，成立国防部五院正是钱学森的建议。1956 年春节前，钱学森应邀出席全国政协会议，并被增补为政协委员。毛泽东主席在宴请政协委员时，特地把钱学森邀请到身边，席间主席问道："学森同志，从现在起，我们抓紧时间、埋头苦干，争取在第三个五年计划末期，使我国在原子能、火箭等最急需的科学技术领域接近世界先进水平，能不能做到？"于是周恩来总理给钱学森布置了一个作业——请他起草一份建议书。

1956 年 2 月 17 日大年初六，钱学森起草的《建立我国国防航空工业意见书》送到了周恩来总理的案前。为了保密，钱学森用"国防航空工业"代替了"火箭导弹"一词。

钱学森的这份意见书全文大约 3000 字，阐述了三层意思。一是我国航空工业的组织体系，首先要有一个统一的领导机构，其次必须有一个以设计为主的研究试验单位和一个基础研究单位，再次建设制造工厂。二是开列了最急需的空气动力学、航空结构、发动机、控制等领域 21 位国内著名专家的名单，示意这些人可以成为研制导弹的高级骨干，然后再逐渐培养扩大队伍。三是发展计划和具体步骤，比如组织代表团访问苏联，争取苏联的援助；选派优秀毕业生去苏联学习；逐年扩大中国科学院有关航空的研究工作；10年后，从事导弹研制工作的人员应达到设计院技术人员 5700 人、工厂技术人员 2400 人。

钱学森的这份《意见书》既高屋建瓴又具体详实，从发展计划到具体措施、从组织领导到执行机构、从预先研究到研制生产、从专业配套到队伍构建，几乎在每一个层面上都考虑得细致入微，具有很强的顶层设计指导性和微观层面的可操作性。周恩来对钱学森交来的作业相当满意，仅仅 8 个月后，国家就落实了钱学森的建议，并且委任钱学森来组建共和国的第一个导弹研究机构。

国防部五院成立时的全部"家当"少得可怜，中央专门委派国防科技的"大管家"聂荣臻元帅具体操办，在他的协调下，历尽周折才确定了三处临时落脚之地。一是解放军 124 疗养院，当时主要用于安置来五院报到的人员

国防部五院旧址 124 疗养院

住宿，不久后，这里就成了五院的情报所；二是北京军区空军466医院（现为航空医学研究所附属医院，仍沿用466医院的名称）；三是总参谋部106疗养院（现阜成路8号航天机关大院），这个院落地处北京玉渊潭北岸，南门地点称黄带子坟7号，原是清代皇族的坟茔之地，北门地点称马神庙，是供当时东来西往的脚夫歇脚、给马神上香的地方。

由于研究项目涉及国家机密，五院从成立之初就被蒙上一层厚重的神秘面纱。荷枪实弹的卫兵不分昼夜地守卫着研究院的大门；办公区使用不同的证件；每个工作人员都被告知不该说的不说、不该问的不问。在五院工作的人不能告诉别人自己的工作内容、联系方式、电话号码，甚至宿舍地址也只能用信箱号码表示。建院初期曾闹过好几次"风波"，新参加工作的人的家长"抗议"单位虐待自己的孩子——"这么高的小伙子，怎么能让他住在信箱里？"

1957年3月，中央军委批准国防部五院为兵团级军队编制，代号中国人民解放军0038部队。兵团级介于军级和大军区级（1988年取消），在如此重要的军事单位里，只有钱学森不是军人，其他的院领导都是共和国的高级将领，凡加入五院的人也全部是军人。由穿便衣的人领导一群军人，这在共和国的历史上绝无仅有。

大教授当起导弹扫盲班班长

1960 年夏，人头攒动、熙熙攘攘的北京火车站来了一批又一批外地学生，他们大多是全国各地名牌学校的应届大学毕业生，各个专业的都有。他们都经过了严格审查和挑选，到北京只知道去一个国防单位工作，不知去干什么。他们手持通知单一出站，就被早在那里等候的工作人员用三轮车、大

一大批莘莘学子到国防部五院报到

卡车接走了。就这样，6000多名莘莘学子一下子从全国各地神秘地汇聚到北京，接受他们的单位是国防部第五研究院。

研究院成立伊始人数很少，大约不到200人。令钱学森意外的是，百十号新报到的大学生和几十名教授专家竟然没有人见过导弹，甚至绝大多数人不知导弹为何物。

带领这么一批毫无导弹知识的人员，怎么使他们很快进入即将从事的研究、设计、试验领域呢？钱学森只好亲自走上三尺讲台"扫盲"，世界级的大科学家当起了导弹扫盲班班长。他用亲笔撰写的中国第一本导弹教材——《导弹概论》，向进入国防部五院的人员多次系统地讲授导弹是什么。

好在讲课正是钱学森的老本行，他说："过去我为美国喷气技术训练班的学生讲了近十年课，那是培养他们的人才，现在培养的是祖国自己的人才。我现在所做的工作就是希望能重振中华民族的国威、军威。"其实，钱学森在1955年10月回国后不久就开始讲课了：1955年11月25日下午，为哈军工的教授作学术报告；1956年元旦之后，在总政排演场为校官以上部队领导干部讲火箭、导弹知识；1956年春，在北京航空学院作报告，介绍当时美苏等国空气动力学的发展情况，讲解火箭、导弹发展现状等。

1960年随着国防部五院充实了一大批新生力量，钱学森又开始了新一轮的讲课。

钱学森讲授的《导弹概论》共分为什么要搞导弹、推进系统、空气动力和结构、制导问题四讲。他的课讲得既深入浅出，又逻辑严谨；既有宏观描述，又有微观介绍；既有自己推导的公式，又有亲自绘制的图表。钱学森借

2006年出版的《导弹概论》　　钱学森导弹概论手稿1　　钱学森导弹概论手稿2

着飞机能飞的原理，讲授空中飞行器最基本的原理，并从第二次世界大战时德国的 V-2 火箭炸伦敦讲起，把火箭、导弹的基本概念讲得很清楚，同时也使大家明白一个国家有导弹和没有导弹大不一样，国防的实力是要靠高科技支撑的。经过他的讲课，复杂的尖端国防科技变得通俗易懂。

1956 年 9 月从部队调到五院的李文梓、李伟后来回忆："来之前只听说过'炮弹'，从没听说过'导弹'，是钱院长给我们讲课、一手把我们带出来的。当时，我们听过钱院长好几次课，大课是在 466 医院的食堂里坐在长条凳上听的；小课是在医院小会议室里听的，记得墙上还挂着一块小黑板，钱院长和其他专家的讲课持续了 3 个月。1956 年年底，苏联援助的两枚 P-1 教学弹运到了北京，这是我们第一次见到导弹实物。我们从外看到里，从头摸到脚。当时没有图纸，大家就根据钱院长讲课的知识，按图索骥来认识导弹。原来觉得洲际导弹特别神秘，听了钱院长的课后茅塞顿开，原来是大导弹顶着中导弹再顶着小导弹，一级一级地飞，直到击中目标。"

由于五院没有大教室，当年钱学森讲大课时曾借用过附近中央团校的小礼堂。学员们还记得钱学森给大家讲课时的情景：上穿蓝布棉袄，下穿蓝布大棉裤，脚踩棉鞋，头上戴着一顶可以把帽耳朵放下的那种新中国成立初期的棉帽子。钱学森以严密的思维逻辑、时空变换的形象将深奥的知识春风化雨般播撒在学员的心里。大家认真地听着，生怕漏了一句话；认真地看着，生怕记不住黑板上的公式、挂图。听他的课是学习，更是一种享受。从弹道式导弹到飞航式导弹，从总体设计到分系统布局，他循循善诱、画龙点睛，还不断提问，活跃课堂气氛。

钱学森不仅自己带头讲课，还请其他相关专家教授一齐上阵参加"导弹扫盲"，他亲自拟定空气动力学、发动机、弹体结构、自动控制、电子线路、计算机等有关专业的学习计划，请梁守槃讲授"火箭发动机"、庄逢甘讲授"空气动力学"、史超礼讲授"航空概论"、朱正讲授"制导理论"等。在仿制苏联导弹时，他还举办导弹技术训练班，边讲课，边结合具体工作组织大家开展讨论，边学边干。

1960 年是国防部五院大发展的年代，在钱学森的号召下，国防部五院开展了大规模的技术学习活动。当时五院没有一个能容纳千人以上的会议场所，只能借用地处北京永定路地区的解放军政治学院（现国防大学）礼堂，每场报告会可容纳 2000 人左右。钱学森讲第一课，后边由各领域的专家或在某一领域卓有成就的技术骨干分别主讲。

讲完导弹概论后，钱学森又于1961年9月至1962年1月为中国科技大学力学系58级、59级学生开设并亲自主讲了火箭技术概论一课。当时授课的讲义也是钱学森亲笔撰写的，后经助教雷见辉、喻显果协助整理，于1963年2月正式出版时改称《星际航行概论》。

从1956年至1961年，钱学森在百忙之中利用各种场合讲授《导弹概论》《星际航行概论》等课程达上百次之多，在这期间来到五院的科技人员和中国科技大学力学系的学生绝大多数都听过他的课。

1962年的钱学森

《导弹概论》和《星际航行概论》在中国航天的起步阶段起到了十分重要的引路作用。可以说，没有钱学森的启蒙，没有首批骨干和成千上万后来者的连续奋斗，就不可能有我国研制成功的第一枚导弹、第一枚导弹核武器和第一颗人造卫星的发射，也不可能铸就今日中国航天的辉煌。

从钱学森的导弹、火箭扫盲班里走出了一大批中国航天事业的业务骨干，很多人日后成为各种导弹、火箭、卫星、飞船等型号的总设计师和总指挥，成为中国科学院院士或中国工程院院士。

争气弹

　　1960年11月5日清晨，太阳从天边的霞光里跃出了地平线，"1059"导弹高高耸立在发射架上，披着一层阳光编织的金衣。大漠在寂静中等待着，等待着那声属于全中国人民的历史性号令。

　　酒泉导弹试验基地气温下降到了零下20多度，但是钱学森和所有参加试验的人们一样，胸中涌动着沸腾的血液。作为"1059"导弹首次飞行试验的技术负责人，钱学森在试验基地协助聂荣臻元帅组织实施了这次导弹的发射试验工作。

　　时针指向9时，随着一声"发射"口令下达，轰然一声巨响，大地颤抖，烈焰喷发，火光冲天，浓烟滚滚，势如狂飙，气吞山河。导弹起飞几秒钟后按飞行程序转弯，逐渐加速，最后变成了一个小亮点，向正西方向飞去。7分钟后，弹头落在距发射台550千米的目标区。

　　消息传来，军帽、毛巾、手绢纷纷被抛向天空，现场一片欢腾，掌声、欢呼声连成一片。现场指挥张爱萍将军情不自禁地跳起来，热烈拥抱了钱学森。

　　这一天，是苏联专家撤走后的第83天。

　　"1059"导弹是个什么导弹？

　　它的原名叫P-2导弹，是1957

1960年11月5日，第一枚仿制的1059近程导弹发射成功。这是我国军事装备史上一个重要的转折点

年苏联援助我国的一种地地导弹，按计划它应于1959年在新中国成立10周年之际仿制成功，所以它的仿制代号就叫"1059"导弹。

从1958年开始，国防部五院在钱学森院长的部署下开始仿制P-2导弹。但是在一个工业基础十分薄弱、科技力量十分匮乏的国家，研制尖端武器的困难远比预想的多得多，再加上中苏两党、两国关系的恶化，使得仿制工作举步维艰。在新中国成立十周年之际，"1059"导弹未能按计划发射。1960年7月，苏联单方面撕毁协定、撤走专家、终止图纸和设备供应，中国的导弹仿制计划眼看濒临夭折。聂荣臻对钱学森和广大科技人员说："逼上梁山，自己干吧！靠别人是靠不住的。党中央寄希望于我们自己的专家！"

钱学森坚定地表示："中国科技人员是了不起的。我们不仅有聪明智慧，我们还能够艰苦奋斗。只要国家给了任务，大家便会夜以继日、废寝忘食地去干，甚至为此损害健康，直到牺牲，也不泄气。有了这种精神，我们就不怕落后，不怕困难多。我们一定要赶上去，我们能够赶上去！"

在那些日子里，他憋着一股气，亲历亲为主持着导弹的仿制工作。每到星期天下午，他就把国防部五院的几位专家请到自己家里讨论重大技术问题的处理意见。如果大家意见一致，他就立即决策；如果意见不一致，若不是急办的事情就留作下次再讨论，若是急办的，他就综合大家意见先提出解决方案，大家分头实施；在实践中碰到有行不通的地方，他就召集大家再深入研究。

苏联专家曾经坚决不同意导弹使用中国生产的推进剂，说"杂质太多不合格"，非要中国向苏联订货，等到中方订货后苏联又故意刁难迟迟不发货。当中国设计师发现国产导弹推进剂质量完全合格、苏联专家的结论完全是计算错误时，钱学森经过复核果断支持使用国产推进剂，大大推进了仿制进程。

有了钱学森这样的主帅，大家群策群力，攻克了一道又一道难关。苏联提供的图纸资料不全，尤其是地面设备和整机资料短缺很多，科技人员就比着葫芦画瓢自己配套；仿制用的很多原材料缺料、元器件品种规格不全，钱学森亲自上阵向全国各地求援；缺少生产设备和试验设施，科技人员和工人师傅土法上马，改装原有旧设备；工厂技术、管理力量薄弱，钱学森组织科技人员下工厂与工人师傅一起制订工艺，改进设计，提高质量。钱学森曾经充满感情地回忆说："有些事情说起来外国人都不敢相信。我们搞火箭发动机，开始是在一个简陋的工棚里干的。许多部件的加工需要精密机床，我们

"1059"导弹准备发射　　　　　"1059"导弹进入发射场测试厂房

没有，怎么办？只好调来一些手艺高的老工人师傅，那些奇形怪状的部件都是靠这些钳工师傅们用手工一点一点抠出来的。"苏联专家撤走后深陷困境的仿制工作，很快就变得井然有序起来。1960年11月5日，第一枚"1059"导弹终于仿制成功，导弹首飞试验全部由中国人自己完成。

从1957年12月P-2导弹运抵中国到1960年11月5日仿制并发射成功，钱学森带领的航天大军只用了短短的3年时间，比起原先预计在有外援的情况下仿制一枚导弹大约需要5年的时间，整整提前了2年！

发射成功的当天，聂荣臻元帅动情地说："今天，在祖国的地平线上飞起了我国自己制造的第一枚导弹，这是我国军事装备史上一个重要的转折点。"后来这种导弹被正式命名为"东风一号"，但大家习惯地称它为"争气弹"。

此时正值钱学森回国5年，他的拳拳报国之心终于结出了第一个丰硕之果。

主动请降职务

当年45岁的钱学森虽然精力充沛，但他既要为中国的导弹事业举办"扫盲班"，又要带领大家进行技术攻关，还要为研究院一大家人的柴米油盐操心。随着导弹事业的发展，五院规模不断扩大，地地导弹仿制开始后，地空导弹、岸舰导弹的仿制工作也陆续铺开，各研究基地、试验设施和生活设施的基建工作更是轰轰烈烈，钱学森作为一院之长，只恨分身无术。

最要命的是钱学森的行政事务越来越多。比如人员的住房分配、食堂和幼儿园的建设等都要他亲自过问，有时研究院的报告和幼儿园的报告会一同等他批示。他说："我哪懂幼儿园的事呀。"钱学森被繁重的行政事务缠身，"苦不堪言"。

1960年3月，钱学森不得已提笔给聂荣臻写信，请求将自己"降"为副职，以便集中精力专司重大技术问题。钱学森要求降职，这是聂荣臻没有想到的事。当初，聂荣臻推荐钱学森当院长，本来是对他的重视，却没有想到日常的行政事务占用了他大量的时间，连盖宿舍、建幼儿园也要他拍板，这简直是对他的最大浪费。钱学森曾经在美国当过喷气推进中心及加州理工学院航空系的"第一把手"，他只管科研和教学，从不过问行政后勤事务，他哪里知道中国的第一把手是吃喝拉撒睡全管的"父母官"。他自己说："早知道这样，我一开始就不会答应当力学所所长和五院院长了。"

聂荣臻理解钱学森的苦恼，只好同意了他的请求，决定配备强有力的行政领导解决大量行政、后勤事务，把钱学森从这些繁杂事务中解脱出来。于是，1960年3月，国防部任命空军司令员刘亚楼兼任五院院长，空军副司令员兼参谋长王秉璋任五院副院长，主持常务工作。后来，王秉璋又改任五院院长。聂荣臻在关于国防部五院工作安排的会议上说："钱学森主持全院的研

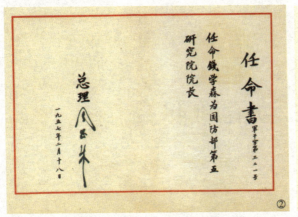

1957年2月钱学森担任国防部五院院长的任命书

1960年3月钱学森担任国防部五院副院长的任命书

当了副院长的钱学森和院长刘亚楼成了好搭档

究设计工作，把行政工作免去，发挥你科学家的作用，可以选择几个助手协助你工作，要有参谋，把你的意图传达下去，党委和政治机关要保证。"

从1957年2月被正式任命为国防部五院院长到1960年3月被任命为副院长，钱学森只当了3年的正职，但他对这种安排十分满意。他的心里很干净，没有"权力""待遇"等杂念。

此后，钱学森先后担任了第七机械工业部副部长、国防科委副主任、国防科工委科技委副主任，直到中国科协主席、全国政协副主席等要职。钱学森的职务以"副"居多，但他对这些"官位"一点也不在意。

钱学森的长子钱永刚说："在父亲的履历介绍上常有'任国防部第五研究院副院长、院长'的字样，可实际上父亲是先当的院长、后当的副院长。人们常常不明白，钱学森并没有犯什么错误，为什么把他降职了呢？父亲从没有官瘾，他看重的是做事，他常说：'我是一名科技人员，不是什么大官，那些官的待遇我一样也不想要。'"

每次失踪总能带回惊喜

1959年，苏联政府撤走了全部援华的专家，给中国航天人扔下了一个烂摊子，还扔下了一句奚落的话："中国人现在过的是'大锅清水汤，三个人穿一条裤子'的生活，还想造导弹？做梦吧！造几个大鸭蛋我看还行。"

钱学森不信邪，继续带领大家自力更生，在仿制的基础上自行设计射程增加一倍的具有实战价值的"东风二号"导弹。

1962年3月，江南的阳春三月，油菜花早已金灿灿地铺满了田野；可大漠的春天来得晚，大风刮起还是冰凉刺骨，吹得黄沙遍地跑。我国自主研制的第一枚"东风二号"中近程导弹此时正在酒泉导弹试验基地整装待发。

"东风二号"导弹全长20.9米，最大直径1.652米，尾部有4个三角形尾翼，起飞质量为29.8吨，射程为1200千米。它在苏制"1059"导弹（后称"东风一号"导弹）的基础上，增加了发动机推力，射程比"1059"导弹增加一倍，是我国自行设计的第一种导弹。

发射阵地上，大家虽然嘴上说信心很足，但是心里都不太有底，毕竟是自行设计的第一枚导弹。在仿制"1059"导弹时，苏联援助了一部分技术文件，绝大多数是生产图纸、工艺规程和

"东风二号"导弹整装待发

吹响中国导弹集结号

97

"东风二号"导弹发射 69 秒后落地爆炸

验收文件,有关设计方面的资料几乎空白。当时,参加导弹研制的工程技术人员绝大多数是刚出校门的大中专生,从未接触过导弹设计的知识,虽说有些人参加了仿制,但基本上学习的是导弹生产方面的知识,搞导弹设计都是平生第一次。

导弹起竖后,一阵大风吹来,导弹下面的燃气舱开始不停地抖动,现场的设计人员不知道是什么原因,只好打电话到北京联系做模拟试验。1962 年 3 月 21 日,随着"东风二号"导弹点火口令的下达,所有人的心都揪紧了。

没想到,点火后原本应当直飞冲天的导弹刚刚飞离发射架就像一个醉汉,歪歪扭扭、摇摇晃晃,头顶上还冒着白烟。69 秒后,导弹一个倒栽葱垂直坠毁在距离发射架 300 米的地方。由于导弹里面装满了 20 多吨推进剂,落地爆炸时腾起了 100 多米高的蘑菇云,地面被砸出了一个 4 米深、22 米直径的大坑。

失败使大家非常沮丧,发射阵地上的空气凝固了,人们的情绪降到了冰点。

自从"东风二号"导弹事故之后,钱学森"失踪"了。

在中国科学院力学研究所,大家几乎看不到所长钱学森的身影;在家里,夫人蒋英和孩子们也发现钱学森像人间蒸发了似的"消失"了。1960 年 10 月,他的家从中关村的"特楼"搬到了国防部五院机关大院里,他的工作重点也从力学研究转移到了导弹技术的研究。

在那一段时间里,钱学森三天两头出差。他在酒泉导弹发射基地一工作就是十天半月,甚至一个月。他的行踪严格保密,就连蒋英也不知道。有一回蒋英一个多月都不知道丈夫的音讯,就找到国防部五院询问:"钱学森干什么去了,这么长时间杳无声息?"国防部五院连忙向她解释:"钱院长出差在外地,平安无恙,只是工作太忙,暂时还回不来,请您放心。"

蒋英回忆说:"那时候,他什么都不对我讲。我问他在干什么?不说。我问他到哪儿去?不说。去多久?也不说。我从来不知道他在做什么事。他从外边回来，穿着大靴子、大皮袄。哦，我知道他是到大西北去了……"

钱学森在干什么呢？他在全力以赴解决"东风二号"导弹存在的问题。

钱学森首先察看了导弹坠落现场，并组织人员收集残骸。与此同时，各个分系统的负责人纷纷组织成立了故障分析小组，并在钱学森的统一指导下进行故障分析和故障复现试验工作。

1960年钱学森在"东风二号"导弹失败后赶赴导弹基地指导工作

钱学森在事故现场工作了10天，看见大家垂头丧气的样子，他顶着巨大的心理压力仍然镇定地鼓励大家："同志们，不就是摔下来一个'东风二号'吗？今天它掉下来了，明天我们就把它射上去，没有什么了不起的。当年，我在美国的时候写一篇很重要的论文，写成的只有几页，可是我写的底稿却装满了一个柜子。到底失败了多少次，我自己都数不清了。如果失败了就哭鼻子、闹情绪，恐怕就没有后来的成功了。""科学试验嘛，如果每一次都保证成功，又何必试验呢？那就制造出来拿去用好了。我说，我们不要怕失败。取得成功，对我们是锻炼；遭受失败，同样使我们得到锻炼，而这种锻炼则更重要、更为宝贵。"

回京后又历时三个多月，他不知组织了多少次大大小小的故障分析、导弹残骸测定、遥测数据判读等，仅1962年五六月间，他就先后召开了4次分析会和5次技术专题报告会。经过多次试验和反复论证，故障"肇事者"终于查明：一是总体方案设计中没有将弹体作为弹性体考虑，使导弹飞行失控；二是发动机强度不够，结构破坏起火。为此研制人员写出的技术总结报告就有67页之多。

但钱学森并不满足，他和国防部五院党委一班人一起刨根问底、查找根源。他们清楚地察觉到，表层技术的原因只是冰山浮出水面的一角，深层次的问题是多方面的、是带有根源性的。钱学森分析道，我们在仿制中仅仅做到了依照葫芦画好瓢，但是知其然不等于知其所以然，从这个意义上来认识，虽然失败支付了一笔学费，但是我们也悟出了从仿制中难以悟出来的道理，有时候失败的教训比成功的经验更为重要。

找出原因之后，在钱学森的主持下，设计人员修改了导弹的设计。钱学森是技术总负责人，他一会儿参加设计修改的讨论，一会儿组织大型地面试验设施的建设；今天还在北京研究如何建立技术责任制，明天就飞到了千里之外的导弹发射试验现场。他只恨自己分身无术，不能把一分钟掰成两分钟用。他告诉年轻的设计师："仿制和自行设计是绝然不同的。仿制时，主要问题人家已经给你解决了，你就是按规矩办事；自行设计就不同了，出现的技术问题多，而且各有各的说法，每一层都需要自己来解决"，并提醒设计师考虑问题一定要从系统出发，顾及导弹各系统间的匹配和协调。

1964年5月4日这一天，钱学森与同事们一起向国防科委主任聂荣臻详细汇报了改进型"东风二号"导弹的研制情况。钱学森的汇报自始至终严谨求实、以数据说话，不用"基本上""大体上"之类模棱两可的字句，聂帅非常满意。

他在上报的分析报告中反思道：

"这次失败暴露出来的问题是多方面的。在工程技术方面，还没有掌握自行设计的规律，对导弹工程系统的复杂性认识不足；在总体和分系统综合设计上、各分系统之间的技术协调和接口匹配上考虑不周，没有意识到即使每个局部都符合要求，集成后仍有可能出问题；有些必要的地面试验没有做，或做得不够充分；对产品质量检查缺乏科学的标准。

在科研管理方面，没有建立技术责任制，缺乏严格的研制程序和工作制度。

在思想作风方面，急于求成，缺乏科学态度，对基础工作特别是地面试验重视不够，对可能遇到的问题和困难估计不足，对产品存在的缺陷和隐患没有采取有力措施坚决加以消除。"

这份报告远远超出了技术故障的分析，饱含着深层次的反思和检讨，其中提到的许多管理理念对我国航天事业的发展有着极为重要的作用和影响，成为了航天系统工程管理的宝贵经验。根据他的建议，国防部五院建立了一整套科学、有效的航天系统工程管理体系。至今仍然行之有效的两条指挥线、总体设计部、型号调度、科学技术委员会等制度，都是那个时代的结晶。航天人在"东风二号"上的集体经历奠定了钱学森航天系统工程思想的实践基础和理论基础，那个时代总结出来的各项规章制度成为指导我国导弹、火箭、卫星研制的重要工作准则。

1964年6月29日，在戈壁滩如火的骄阳下，航天人盼望已久的胜利终于降临，"东风二号"试射成功，准确命中目标，中国第一枚国产中近程地地导弹诞生了。

　　7月9日和11日又发射两次，均传捷报。

　　9月至10月，又连续发射5枚，全部奏凯。

　　中国航天人以无可争辩的事实给了赫鲁晓夫一个有力的回击——就是在"大锅清水汤，三个人穿一条裤子"的条件下，中国依靠自己的力量，独立自主造出了导弹，完全掌握了导弹技术！

　　此后，钱学森又有多次"失踪"，每次"失踪"，他总是给祖国和人民带来惊喜。

7

东方巨响

"邱小姐"的婚礼主持人

1964年10月初的一个清晨，远在青海的原子弹研制基地已经满地铺银，一夜霜降把红瓦的房顶和枯黄的草坪统统染成了白色。一列专用列车悄悄启动，秘密开往新疆马兰核基地。列车里面有一位贵宾，名叫"邱小姐"。

它是我国研制的原子弹的代号，之所以姓"邱"，是因为原子弹是球形的，球的谐音是"邱"。

1964年10月16日15时，中国第一颗原子弹在罗布泊的一座百米高塔上爆发出惊天动地的巨响，蘑菇云拔地而起，爆炸威力达2万吨TNT当量以上。

中国第一颗原子弹爆炸

美国人根本不相信中国人的能力，虽然他们不得不承认中国的第一颗原子弹比美国投到日本的那颗原子弹设计得更加完善、威力更大，但是美国国防部长麦克纳马拉仍以十拿九稳的口气预言："5年内中国不会有原子弹的运载工具，没有足够射程的导弹，原子弹无从发挥作用。"有的媒体应声嘲笑中国是"有弹没枪，一通瞎忙"。他们的说法不是没有道理——在极难取得制空权的现代化战争中，飞机很难作为运载核武器的有效工具，如果没有导弹作为运载工具，核弹将形同虚设。

两弹结合爆炸的烟云

事实上，钱学森早就意识到导弹没有核装置，就形成不了杀伤破坏力；同样，核装置没有导弹相辅，对万千米以外的目标也不具有威慑力，两者缺一不可。令美国人没有想到的是，在钱学森的带领下，我国"东风二号"中近程导弹在第一颗原子弹爆炸之前3个月就已研制成功，为解决原子弹的运载工具奠定了基础。

1964年9月1日，中央专委决定由负责研制原子弹的第二机械工业部和负责研制导弹的国防部第五研究院共同组织"两弹结合"方案的论证小组，着手进行核导弹的研究设计，钱学森担任总负责人。

"两弹结合"就好比"邱小姐"结婚，钱学森这个主婚人对新娘和新郎可不客气，他对这对新人提出了苛刻的要求：原子弹必须瘦身、小型化；导弹必须加大运载能力、提高制导精度、增强安全可靠性。

"邱小姐"的新郎官是"东风二号甲"导弹。它在"东风二号"导弹的基础上进行了设计修改：发动机的推力由40.5吨提高到45.5吨，射程从1000千米提高到了1200千米，控制系统改为全惯性制导，提高了导弹的作战性能。

钱学森严字当头，对两弹结合的每一个细节提出了严格要求。

"东风二号甲"导弹进行了一系列地面测试之后，首先要进行没有核弹头的发射，这叫"冷试验"。钱学森两度飞往酒泉试验基地，亲自对"冷试验"导弹进行仔细检查。他强调，对所有元件、部件进行严格的检查，不可有任何的疏忽，因为一根没有焊好的电线、一个不合规格的元件、一块多余物都可能造成严重事故。

有一次导弹组装时发现少了一颗小螺钉，当时有人主张把装好的导弹全部拆开查找；有人认为好不容易费大力才组装起来，再为一颗小螺钉折腾不值得，也许它掉在地上了，根本没有落在导弹内。但是在钱学森的严格要求下，总装车间全体人员停下手中的工作，"挖地三尺"寻找这颗丢失的螺钉。

东方巨响   105

病中的聂荣臻听说这件事后，也立即派国防科委副主任张爱萍赶赴试验基地"坐镇"总装车间，直到在车间的轨道缝里把这颗螺丝钉找到。

酒泉试验基地的一位新战士受到了钱学森的表彰。这位新战士发现弹体内有一根大约五毫米长的小白毛，担心因此造成通电接触不良，用镊子夹、细铁丝挑都未能取出小白毛。最后，战士用一根猪鬃终于挑出了小白毛。钱学森把这根小白毛小心翼翼包起来，带回北京告诫大家：科学就是科学，来不得半点虚假和马虎，并希望从事"两弹结合"的科研人员都向那位新战士学习。

两弹结合试验

两次"冷试验"都获得了成功。下一步，就是两弹结合的"热试验"——"邱小姐"要装在"东风二号甲"导弹上发射了。

按照预定的弹道，核导弹要从兰新铁路飞过，导弹飞行弹道必经甘肃柳园地区，那里有大约5万居民。周恩来总理再三嘱咐，这类试验，美国和苏联只是在海上进行，我们在本土大陆上进行，一定不能出乱子。他非常担心一旦发生意外情况，导弹安全自毁系统会不会出问题。对此，钱学森等人汇报说："在这方面已经作了多次模拟试验，前些日子还真刀实枪地炸了一颗，证明非常可靠。现在这枚弹上的安全装置也已经作了全面检测，各项参数都符合要求。"

钱学森告诉总理："导弹掉在柳园地区的概率为6/100000，其安全程度比总理您乘坐荷兰皇家航空公司的飞机到非洲访问的安全性还高呢。"

钱学森曾经这样回忆周恩来总理："那个时候周恩来总理抓我们这项工作，他提出来做这项工作的16字方针，就是'严肃、认真、周到、细致、一丝不苟、有错必究'。要达到这个要求，他又说有三个高字：第一个高是'高度的政治觉悟'，第二个高是'高度的组织纪律性'，第三个高是'高度的科学性'。那个时候大概每个月或者三个礼拜要开一次向周总理的汇报会，他的要求很清楚，所有负责各方面、各部分的负责人都要来。周总理就坐那里听我们的汇报，很细致、很耐心。他记性非常好，你上一次汇报的数据如果跟你这次汇报数据不一样，他就问怎么上一次你说的不是这个数据？所以我们这些人去向总理汇报都要很小心，你上一次怎么说可得记住，这次如果需要改变的话，就得说明为什么改变。有的时候，到下午 6 点还没完，总理就说那就大家在这儿吃顿晚饭吧，吃完晚饭再继续开会。有时候这样的会一直开到晚上 10 点还不停，开到 11 点甚至更晚。"

1966 年 10 月 27 日 9 时，"东风二号甲"导弹载着核弹头点火升空，9 分 14 秒后核弹头在距发射场 894 千米之外的罗布泊弹着区靶心上空 569 米的高度爆炸。"两弹结合"完全成功。从此，中国不仅有了弹，而且有了一支能够射向地球任何一个角落的"枪"。

发射现场，聂荣臻激动地与钱学森热烈拥抱，热泪流在了一起。他们奔上山坡，与从事两弹结合试验的科研人员以及参观发射的人们一起欢庆胜利。戈壁滩上竖起了一面五星红旗，穿着厚厚冬装笑逐颜开的聂荣臻和钱学森、谢光选、梁思礼等一大群"邱小姐"的主婚人、证婚人站在一起，定格了一张难忘的照片。

1966 年 10 月 27 日，钱学森带领科技人员完成了导弹核武器试验后，聂荣臻在试验基地接见大家

1966 年 10 月 27 日新华社《新闻公报》：中国在本国的国土上，成功地进行了导弹核武器的试验。导弹飞行正常，核弹头在预定的距离精确地命中目标，实现核爆炸。

1966 年 10 月 28 日美国《纽约时报》刊出了一篇新闻："一位 15 年中在美国接受教育、培养、鼓励并成为科学名流的人，负责了这项试验，这是对冷战历史的嘲弄。"

毛主席在听到试验成功的消息以后，兴奋地说："赫鲁晓夫不给我们这些尖端技术，极好，逼得我们自己干出来，我看要给赫鲁晓夫一个一吨重的勋章！"

防空利剑射天狼

1962 年 9 月 9 日晚，明月高照，中秋将至。台湾空军情报署署长衣将军的家里高朋满座、欢笑四起、杯觥交错、乐声袅袅，一场晚宴热闹正酣，来宾全是美国中央情报局的官员。

自从获悉中国大陆开始研制导弹、原子弹后，美国情报界官员便频频光顾台湾。台湾空军得到了美国的大力支持，先后装备了 RB-57D、U-2 等性能先进的飞机，美国还为台湾空军培训了一批水平相当高的飞行员。双方约定，由台湾方面对大陆实施战略侦察，所获信息资源共享。美国情报局认为，只要美国飞行员不出面，就可以避免国际纠纷，如果大陆抗议，便可以推脱是中国人自家的事。台湾方面自然同意，这样既能得到军援，又能得到情报，反攻大陆曙光在前。

衣将军手挽夫人把酒祝词，忽然，一个参谋神色慌张、急急匆匆地跑了进来，在他的耳边嘀咕了几句。顿时，将军颓然而坐，颤巍巍地放下了酒杯，满脸的笑颜变成了满面的泪水，音乐戛然而止。美国人不知发生了什么，正待向主人发问，不料衣将军大吼一声："你们不是保证中共没有飞弹吗？怎么我最好的飞行员被他们打下来了？！"

原来这是白天发生的事。台湾空军的王牌部队——"黑猫中队"，折载了第一只"猫"。这只猫拖着长长的黑烟一头栽进距离南昌市东南 15 千米

国民党黑猫中队的队徽

的罗家集水稻田里，飞行员陈怀生被击毙。具有讽刺意味的是，这位飞行员正是为 U-2 侦察机设计了黑猫图案的人，他曾得意地说：黑猫的两只金色猫眼象征着锐利的高空摄影机。他怎么也没有想到，他的猫眼还没有睁开，就被航天人的导弹打瞎了，他本人也成为了"黑猫"的第一个殉难者。

黑猫中队是个什么组织？它是 1961—1974 年十分活跃的台湾空军高空侦察飞行队（即台湾空军秘密侦察 35 中队）的代号，中队飞行员穿着画着金眼黑猫徽记的夹克，驾驶着画有黑猫徽记的美国飞机，在台湾桃园机场起起落落。"黑猫中队"是美国中央情报局和台湾国民党政府合作的产物，任务是协助美国深入中国内地进行高空侦查，刺探情报。

"黑猫中队"使用美国洛克希德公司生产的 U-2 侦察机，机身长 15.11 米，翼展为 24.38 米，可连续飞行 9 小时，飞行高度达 22000 米，机上配置美国首创用于高空侦察的 B 型照相机，每次飞行任务拍下的照片可以堆满一间屋子。

为了偷窥中国导弹、原子弹研制和试验基地的情报以及内地各工业、军事、交通等目标，从 1962 年 1 月 23 日开始，U-2 飞机频频出现于中国大陆领空，它们依仗无人可及的飞行高度大摇大摆地在大陆腹地侦察了将近半年。仅 1962 年上半年，U-2 飞机就对大陆腹地进行了 11 次侦察飞行，对新中国的安全构成了严重威胁。

要打击"黑猫"的嚣张气焰，高射炮和歼击机显然都无能为力。当时我国引进的苏联米格 -17 飞机的最高飞行高度才 16000 米，而 U-2 飞行高度在 20000 米以上，所以必须使用防空导弹。

保卫祖国的领空，新中国的领导人早就作出了安排。

早在 1957 年 9 月，钱学森随聂荣臻率领的中国政府工业代表团赴苏联谈判，争取到苏联援助 C-75 地空导弹，然后从仿制这种导弹开始，建立起自己的导弹防空体系。C-75 地空导弹的仿制代号叫 543，是苏联在第二次

1966 年 10 月，钱学森陪同领导到基地技术部视察

世界大战以后装备部队的中高空防空导弹，西方国家称为"萨姆2号"，我国购买这种导弹装备了3个地空导弹作战营，1962年9月9日第一架U-2飞机就是由苏制"萨姆2号"击落的。

中苏关系恶化后，苏方不再提供543导弹，诺大的中国领空只有以前购买的50枚地空导弹来护卫，形势十分严峻。

在钱学森的具体组织下，国防部五院二分院开展了导弹的仿制工作，研制人员从"反设计"入手，全面展开543的仿制。为了掌握导弹及弹上各分系统在实际飞行过程中的运动规律，获取导弹飞行中的第一手资料，钱学森支持自行研制543遥测弹，进行高低空多种作战空域条件下的飞行试验，发现并验证了导弹弹性振动对控制系统工作的影响。在地面制导雷达的仿制中，由于技术复杂、要求很高，工厂生产的产品合格率很低，钱学森了解到这一情况，立即点将雷达技术专家陈敬熊组织攻关小组，彻底攻克这个技术难题。在钱学森的指导下，陈敬熊带领攻关小组在吃透其设计原理的基础上改进设计，提高了产品的合格率，满足了作战要求。

1964年543全武器系统进行打靶试验，第一次试验失利，证明它的作战性能还不太好，钱学森提出"要改进"。怎么改？他明确要求，一是增加飞行距离，打得更远一点；二是提高精度，打得更准一点；第三，要有抗干扰能力，打得更稳一点。经过改进，第二次试验一举击落靶机。仿制成功的543导弹定名为"红旗一号"，开始装备部队。

"红旗一号"导弹由导弹、制导站和地面设备三部分组成，用于打击中高空飞机。导弹拦截高度1～27千米，作战斜距7000～35000米，最大速度1250米/秒。

航天制导专家张履谦清晰地记得当年与U-2飞机斗智斗勇的故事：

"打下来第一架U-2后，美国就想办法了，第二架来的时候，一发现雷达就逃跑。但我们已经从打下来的飞机残骸上发现他们安装了预警系统，能够在160千米外侦测到'萨姆2号'导弹搜索雷达的信号，让飞行员及时驾机逃避。我们就做了一个专用数据表给部队操作人员，告诉他们如果U-2的距离和方位在数据表给定的范围内就可以按按钮，不在里面就不动。第二架U-2是根据我们提供的数据表打下来的。

第三架U-2来时，我们搞了一个'反预警'方案，先用其他雷达进行远距离跟踪，一旦发现目标进入射击区，距离只有40千米的时候，我们就开启导弹雷达，等U-2发现导弹雷达信号时，导弹已到它跟前，跑不掉了。

第四架更狡猾，那是1965年1月10日，这次他们吸取前3次被我地空导弹击落的教训，在飞机上安装了一个欺骗干扰装置。收到我导弹雷达信号就发一个假信号，他们以为我导弹会失去作用，殊不知我们在钱学森的支持下已经增加了能够抗干扰的照射雷达，使U-2飞机分辨不出真假，它所发出的干扰信号便失效了。最终，这架乔装打扮的黑猫仍被我地空导弹部队用国产'红旗一号'导弹击落，同样没有逃脱覆灭的命运。"

20世纪60年代初被我地空导弹击落的U—2高空侦察机

1965年5月，钱学森参加周恩来总理主持召开的第12次中央专委会议，回来后组织了在"红旗一号"的基础上全面开展研制"红旗二号"的任务，目的是提高抗干扰能力、扩大作战空域、改进操作使用性能，以加强我国的防空力量。1967年2月，"红旗二号"地空导弹通过全武器系统的设计定型试验，于4月定型生产并装备部队。

"红旗二号"地空导弹

1967年9月8日，我国地空导弹部队操纵刚研制成功不久的"红旗二号"导弹，在浙江嘉兴地区上空又击落一架入侵的U-2飞机。至此，我地空导弹部队一共击落了5架U-2飞机。

此后，我国大约生产了12000枚的"红旗二号"导弹，它们睁着雪亮的眼睛时刻为祖国的领空安全站岗放哨。由于我国有了反击武器，加上中美关系趋于缓和，"黑猫中队"于1970年被迫停止了入侵侦察活动并于1974年解散。

鹰击长空护海防

在 1984 年 10 月 1 日国庆 35 周年的阅兵仪式上，威武雄壮的导弹部队第一次在天安门广场亮相，国外军事观察家对中国一下子拿出了这么多类型的导弹议论纷纷。特别是当他们看到海军方队中的新型"鹰击八号"海防导弹时惊诧万分——中国海军什么时候买了法国的著名导弹"飞鱼"了？

"飞鱼"之所以蜚声海外，是因为在 1982 年发生的英国、阿根廷马岛战争中，阿根廷空军用一枚法国制造的"飞鱼"空舰导弹一举击沉英国一艘"谢菲尔德"号大型驱逐舰，成为世界上第一种在实战中击毁大型军舰的空舰导弹，令世界刮目相看。

1982 年 4 月 2 日到 6 月 14 日，历时 74 天的英阿马岛之战是一场未经正式宣战的战争，外交家称为"武装冲突"，军事家则称为"马岛战争"，这是 20 世纪第一场可算得上现代化的战争。5 月 4 日，阿军"海王星"侦察机发现英军"谢菲尔德"号驱逐舰，便召唤 2 架"超级军旗"攻击机前去攻击，"超级军旗"采取距海面 50 米高度超低空飞行以躲避英军的雷达，在距英舰46 千米处突然升到 150 米仅用 30 秒打开雷达锁定英舰发射 2 枚"飞鱼"导弹，然后急转弯同时下降到 30 米返航。英军发现导弹来袭，舰长只来得及大叫一声："隐蔽！"就被一枚导弹击中，随即燃起大火，尽管竭力扑救达 5小时，仍无法控制火势，舰长只得下令弃舰，英军伤亡失踪 78 人。6 天后，"谢菲尔德"号在拖回英国途中沉没。这艘排水量 3200 吨、造价达 2 亿美元的英国最先进的军舰被击沉，对英军的打击极大，"飞鱼"也因此威震世界。

飞鱼导弹是法国 20 世纪 70 年代开始研制的亚声速反舰导弹，有多种型号，包括超低空空舰导弹，巡航速度 0.93 马赫，巡航高度 15 米，1980 年装备部队；近程舰舰导弹，巡航速度 0.82 马赫，巡航高度 2.5 ~ 15 米，1981

年装备部队；空舰导弹，在 1982 年马岛战争中因阿根廷用该导弹击中英国巡洋舰而名噪一时。

其实，中国并没有购买"飞鱼"导弹，阅兵式上的导弹完全是中国造。

中国的海防导弹是由钱学森 1957 年赴苏联谈判引进发展起来的。1959 年我国开始仿制苏联提供的 Π-15 舰舰导弹，仿制代号为 544，国防部五院为总体设计抓总单位，仿制生产由三机部负责。钱学森提出由"反设计"入手，摸清资料情况，突破技术难关，1966 年我国仿制的 544 导弹飞行试验获得成功，定名为"上游一号"舰舰导弹。该导弹装备部队后，结束了我国海军有舰无弹的历史。

1965 年 4 月，钱学森主持审查了我国岸舰导弹武器研制方案，确定在"上游一号"舰舰导弹的基础上增加射程，把它搬上岸并改型设计成为岸舰导弹——"海鹰一号"。1967 年"海鹰一号"进行飞行试验时出现了眼盲症，就是导弹发射后弹上末制导雷达没有搜索到目标，导弹径直飞走了。生产单位认为是雷达因为冬天太冷出现了问题，可是等到天气暖和后又打了两次，还是不行。

就在大家感到无计可施时，导弹总设计师梁守槃在发射现场找来各种图纸资料，经过反复计算分析发现"海鹰一号"发射时，发射架的晃动与导弹的振动发生了共振，导致雷达失灵。1967 年 7 月，钱学森坐镇研制单位主持故障分析工作。经过多次计算复核，钱学森同意梁守槃的分析，最终作出了"是导弹的振动环境恶劣，使末制导雷达处在时好时坏的'临界'状态，造成了'海鹰一号'目盲，看不见目标"的结论。

总设计师系统果断决定：将发射导轨锯短 1.2 米，将导向梁末端底板下弯 20 度，同时将天线回调角提高 0.3 度，以减

"海鹰一号"岸舰导弹

少发动机喷流引起的振动。工厂又加强了导弹刚度，为弹上雷达采取减振措施。经过再次试验，导弹准确地命中目标。"海鹰一号"先后进行了25次飞行试验，1974年定型，装备在我国自行研制的051驱逐舰上。从此，中国海军有了能出远海执行任务的导弹驱逐舰。

与此同时，钱学森提出，海防导弹第一射程要远，第二要研制主动式的雷达制导和红外制导，以增加导弹精确击中目标的作战能力。研制单位迅速决定将射程70千米的"海鹰一号"提高射程到100千米并装上红外导引器，提高导弹的突防能力，该导弹被命名为"海鹰二号"。1970年"海鹰二号"进行定型飞行试验，取得7发6中的好成绩，很快装备了部队。

但是，"海鹰二号"导弹的动力装置是涡喷发动机，还不能有效解决高速飞行的问题。梁守槃建议研制一种采用冲压发动机、超低空、超声速飞行的海防导弹。但有人担心技术难度太大，不易成功，不太支持他，于是梁守槃把建议报给钱学森，以寻求他的帮助。

钱学森在酒泉导弹试验基地讲话

早在1960年，钱学森指出："冲压发动机是个好发动机，但是个复杂的高级发动机，要得到好的性能必须做细致的研究工作。"并提出将来的海上反舰导弹要采用冲压发动机。钱学森认为，冲压发动机结构简单、速度高、经济性好，可提高突防能力，这是我国第二代海防导弹动力装置的一个发展方向。他曾主持过冲压发动机作导弹动力装置的可行性研究，认为冲压发动机符合我国的实际情况，使用范围会越来越广。在钱学森的支持下，研制单位还建造了一系列冲压发动机试车台，包括低空、高空、直连式和自由式的试车台，为冲压发动机的研制创造了条件，奠定了超声速反舰导弹的动力基础。

钱学森认真细读了梁守槃的设想和技术方案，被其严密的逻辑、严格的论证和确凿的数据而打动，认为他的建议可行。钱学森还进一步考虑了技术上的难点和突破点，感到依靠现有的科技力量完全能够做到，所以直接批了一行字："同意梁守槃同志的意见。"钱学森一锤定音，还同梁守槃一起商讨了实现这个方案的技术途径。1969年8月，国家正式决定研制低空超声速反舰导弹，取名"鹰击一号"。这种导弹巡航速度为两倍声速，最大射程50千米，其主动力装置采用钱学森极力推崇的冲压发动机，具有空防能力强、弹小威力大、安全方便等特点。"鹰击一号"反舰导弹1979年开始飞行试验，1984年9月定型试验取得成功，标志着我国跨入了掌握冲压发动机技术的世界上少数几个国家的行列。

按照钱学森主持制定的海防导弹发展规划，在自行研制反舰导弹成功之后，应当向发展小型多用途反舰导弹方向迈进。1977年9月，上级批准研制重量仅为700千克、射程25～50千米、采用两级固体发动机、速度为两倍声速、能实现掠海飞行的小型多用途固体反舰导弹——"鹰击八号"导弹。"鹰击八号"导弹采用了两级固体发动机以及小型化的自动驾驶仪、抗海浪干扰的无线电高度表、小型末制导雷达等先进技术，具有超低空掠海飞行、空防能力强、命中精度高、一弹多用和小型化的特点。"鹰击八号"共有装于飞机、舰艇的五种型号。1984年通过海上定型飞行试验，它的外形颇似"飞鱼"。

在当年10月1日举行的国庆35周年阅兵式上，"鹰击八号"导弹方队通过天安门广场接受检阅时，观礼台上的外宾忍不住惊呼："飞鱼，飞鱼！"不久，在一次巴黎国际航展上，"鹰击八号"导弹再次亮相，外国人这才知道这不是法国研制的"飞鱼"导弹，而是中国人自己研制的"鹰击八号"导弹。参展的我国科技人员骄傲地告诉参观者："这是我们自己设计制造的导弹，它比法国的'飞鱼'飞得更远，打得更准！"

1999年中国"鹰击八号"反舰导弹亮相阅兵式

慧眼伯乐

夏天的戈壁滩，烈日炎炎，骄阳似火，"东风二号"导弹试验正在紧锣密鼓地进行着，这是中近程导弹"东风二号"首发失败后的第一次飞行试验。钱学森顶着烈日，不断查看测试现场。突然，他接到报告：高温导致导弹推进剂膨化，导弹有可能达不到设计射程，但导弹落区的测量网点已经布置就绪。如果导弹达不到原定射程，落区就什么数据都测不到，这次的试验就白做了。怎么办？这一突如其来的情况谁也没预想到。

钱学森和大家都在冥思苦想地找办法。增加射程通常的做法是增加推进剂，但是此时贮箱容积已满，推进剂再也加不进去了。大家正束手无策时，一位年轻的设计师王永志根据总体部有关研究报告提出了一个截然相反的方案，他说应当考虑减少推进剂。

王永志回忆说：炎热的天气对推进剂密度有影响，经过分析计算，我提出了一个解决方案——从导弹体内泄出 600 千克酒精，调整推进剂混合比，减少推进剂的"死重"，就可以提高射程。在会上我提出了这个设想，但在场的专家们都觉得这个方案不可行，未予采纳。我不甘心，鼓起勇气直接找到钱学森院长汇报。

钱学森到酒泉导弹试验基地讲学

使王永志大为惊奇的是，这位大科学家一点也没有小看他这个在试验队中军衔较低的设计师。钱学森听得很认真，对他的计算方法不时提出问题，让他讲清楚并自己做了粗略的估算。当他听完王永志的汇报以后，立即叫来"东风二号"导弹总设计师说："那个年轻人的想法有科学根据，就按他的意见办。"

1964年6月29日，发射泄出部分推进剂的导弹果然达到了原定射程，连打三枚，都进入了预定目标区。

事隔30年，1992年中央决策载人飞船工程立项以后，急需确定工程技术领军人——工程总设计师。这个人必须能按照顶层设计形成的蓝图团结全体研制、管理人员，创造性地实施载人飞船工程。当时工程总设计师有多个人选，也都各有充分的理由，上级一时难以定夺。

当时国防科工委主任丁衡高去征求钱学森意见，钱学森胸有成竹地推荐了当年那位用反向思维、减少推进剂的方法解决难题的年轻人——王永志，由他担任中国载人飞船工程总设计师。不过这时的王永志已经身经百战，他当过导弹总体设计部主任、火箭技术研究院院长、航空航天部科技委副主任。王永志果然不负众望，带领载人航天七大系统的工程技术人员圆满实现了中国人的飞天梦想。

王永志满怀深情地回忆道："载人飞船工程立项后，我被任命为工程总设计师。钱老还专门给我写了一封信，交待作为总设计师应该注意的问题。1999年'神舟一号'发射前，钱老很关心地打电话询问发射场的准备情况。我告诉他，我们有信心，一定能打成，他听了非常高兴。"

无独有偶，钱学森还举荐过一位贤人，他叫孙家栋。

1968年2月20日，中国空间技术研究院成立。研究院的任务是统筹全国的力量进军宇宙空间，并准备发射中国第一颗人造卫星。时任七机部副部长的钱学森兼任院长。

空间技术研究院成立前，中国科学院对第一颗人造卫星的研制已做了大量工作，但要把卫星发射升空，需要的是包括卫星、火箭、发射、测控在内庞大而复杂的系统，要用两年多时间把卫星送上天，无疑是一个艰巨的任务。这件大事着实让周恩来放心不下，他多次听取卫星和火箭工作进展情况和存在问题的汇报，亲自排除"文化大革命"给科研工作带来的种种干扰。他在中央专委会议上定调："由钱学森负责卫星、运载火箭和地面系统三个方面总的技术协调和组织实施工作。"

在这困难时刻，周恩来把这副重担压在钱学森的肩上，体现了国家对他的高度信任。对钱学森来说，压力巨大。他首当其冲考虑的是要尽快建立卫星总体设计部，加速卫星工程的实施。

总体设计部作为重大工程研制项目的参谋部，是钱学森系统工程思想的核心内容。他在创建空间技术研究院的过程中，特别强调运用系统工程的方法和借鉴国防部五院建立总体设计部的经验，组建了"空间飞行器总体设计部"。钱学森直接指导组建工作，确定总体设计部的主要职责、组建方案和主要干部人选。

钱学森提出，总体部的人知识面要广，既要懂工程上的问题，又要有比较广博的科技知识。组建时还要注意两个方面的积极性：一方面是科学院来的技术干部，比较注重理论研究；另一方面是从七机部来的技术干部，工程经验比较丰富。总体设计部的构成，理论研究与工程经验两种力量的搭配比例为三七开。

谁能担任卫星总体设计部的领导呢？钱学森经过深思熟虑，挑选了年仅38岁的导弹总体设计部副主任孙家栋。

那是1967年7月29日的午后，正值北京最炎热的盛夏。孙家栋汗流浃背地趴在图板上画导弹设计图，为了不让头上的汗水流到图板上，他把一条毛巾围在脖子上。这时，国防科委一位同志在没有打招呼的情况下驱车来到位于北京城南的孙家栋办公室，简单明了地对他说："我是国防科委的汪永肃参谋，组织上派我来向你传达上级的指示。国家将要开展人造卫星方面的研究，中央已确定组建空间技术研究院，由钱学森担任院长，专门负责人造卫星方面的研究。钱学森向聂荣臻元帅推荐了你，根据聂老总的指示，上级决定调你去负责我国第一颗人造地球卫星的总体设计工作。"

当时造反派夺权，行政领导干部靠边站，汪永肃只好直接找到孙家栋本人谈了上级的安排，谈完当即就用吉普车拉着孙家栋从北京南苑来到位于北京西郊的友谊宾馆，这里是筹备空间技术研究院的临时办公地点。当天，孙家栋就由搞导弹转入了搞卫星。

孙家栋在卫星测试厂房中工作

孙家栋报到的第一天，钱学森接待了他，钱学森支持并鼓励他说："家栋，我知道你的能力。你只管集中精力大胆工作，如果有什么考虑不周的，首先是我考虑不周，责任在我不在你。如果你失败了，你总结教训，我承担责任，明白吗？"这些话，让孙家栋心里感到踏实和温暖。

卫星总体设计工作就是要将概念性的卫星从理论变为现实，从概念研究变为工程实施。作为实施的途径，首先要提出并解决卫星从地面研制到空间运行全过程，明确每个环节的技术指标要求以及系统与系统之间、分系统与子系统相互间错综复杂的技术接口。

为了尽快启动卫星总体工作，孙家栋向钱学森提出建议，以651设计院为基础组建，由运载火箭技术研究院推荐几个搞总体技术的人员。钱学森考虑认为，从火箭技术研究院抽人可以，但在当前"文化大革命"两派正闹腾的局面下，不能依靠研究院推荐，要由孙家栋提个名单后再研究确定。

经过考察和挑选，孙家栋从国家的卫星任务需要出发，考虑不同的专业类型和技术特长，最后选定了18人。当他把这18人的名单交给钱学森后，钱学森点头赞同，这份名单又很快得到了聂荣臻的批准。意想不到的是，基于这些人员的素质和能力，无可争议地得到了两派群众的认同。当他们离开运载火箭技术研究院时，两派群众都出来热烈欢送。

孙家栋为发射我国第一颗卫星立下了汗马功劳，后来他成为我国"东方红三号"通信卫星、"风云二号"气象卫星、中巴资源卫星等应用卫星工程的总设计师，并担任了北斗卫星导航系统的工程总设计师和月球探测一期工程的总设计师。

王永志、孙家栋都是国家最高科学技术奖获得者，已成为中国航天技术的领军人物。

2001年祝贺钱学森90大寿

孙家栋和钱学森

画这个圈，非他莫属

"东风五号"洲际导弹在总装测试

1980年5月1日凌晨5点，曙光初露。一支庞大的海上中国特混船队汽笛齐鸣，彩旗高扬，缓缓离开码头。下午2点，一声号令，由11艘船和4架超黄蜂直升机组成的测量船队由4艘导弹驱逐艇和2艘油水补给船组成的护航舰队排成两路纵队，浩浩荡荡从朱家尖锚地启航，向着大洋深处前进。

中国向南太平洋发射"东风五号"洲际导弹，就此拉开了战斗的序幕。

"东风五号"洲际导弹全程发射试验要打到太平洋上，这就要求发射之前把发射的落区划定在一定的经纬度内，然后向全世界发布公告，在导弹试验期间禁止所有船只进入落区，以免发生危险。

当时，中国如何划定试验禁区范围成为国际社会注目的焦点。禁区范围越小，说明该导弹落点精度越高。苏联于1960年1月首次公开在太平洋进行远程导弹试验时公布的试验禁区是500千米×300千米的矩形水域；1975年6月进行的一次试验其禁区是240千米圆形海域，即使这样，一块弹片还落在了停泊在禁区外的美国范登堡号测量船上。圈定导弹的落区是件很困难的事，因为导弹落点存在误差，圈划大了，外国人会认为我们的导弹太不精

120

确，划小了又怕打着别国的船，引起国际纷争。

技术人员谁也不敢定这个数据，怎么办？画这个圈，非钱学森莫属！钱学森再次出马，接手了难题，他提出了划圈的原则：我们的弹着区画得要比美国人和苏联人的小，而且技术水平要高，要争这口气。

我国科技人员经过充分调查论证，从理论上推导出准确的导弹试验区数学模型，确定以东经171°33′、南纬7°为中心，半径为130千米的圆形试验区，远小于苏联的试验范围。最后的数据由钱学森拍板后对外公告。回忆往事，导弹专家王德臣说：“‘东风五号’是1∶1的飞行试验，你得向全世界公布，你得画个大圈儿，如果你打在圈儿外头，丢人不丢人啊。你做试验的时候，人家外国的测量船就贴在你画的边儿上，他们准备着，一旦你的东西掉在圈外，他可以去抢啊，去打捞那个弹头啊。为了提高导弹的精度，我们在钱老的亲自领导指导下，整整搞了四五年。”

人民日报号外

1980年5月9日新华社受权向全世界发表公告：“中华人民共和国将于1980年5月12日至6月10日，由中国本土向太平洋南纬7度零分、东径171度33分为中心，半径70海里的圆形海域范围内的公海上，发射运载火箭试验。中国舰船和飞机将在该海域进行作业。为了过往船只和飞机的安全，中国政府要求有关国家政府通知本国的船只和飞机，在试验期间不要进入上述海域和海域上空。”

5月18日，“东风五号”洲际导弹点火起飞，直冲云霄，扶摇万里，飞跃祖国西北、华北地区上空，30分钟后准确命中西太平洋的预定海洋，弹上的荧光染色剂把湛蓝的海水染成翠绿色，弹头落点精度十分理想，正在钱学森划定的海域靶心。我国从此拥有

“东风五号”导弹试验弹头数据舱准确落在预定海域

了可以指向地球任何一个角落的"倚天长剑"。

按照设计指标，弹头落点误差 800 米为优秀，1000 米以内为良好，1500 ～ 2000 米为及格。"东风五号"洲际导弹的落点误差只有 250 米，远远低于导弹研制部门提出的误差指标。从我国西北边陲大漠起飞，到南太平洋公海溅落，对飞行 9000 余千米的远程导弹来说，这种射击精度相当于步枪击中千米之外的一个乒乓球，或用手枪击中百米之外的一只蚊子。

此时的钱学森，平静地坐在国防科委北京指挥中心的一个并不显眼的座位上，他的思绪跟随这枚洲际导弹跨越万里飞向太平洋。当年他回国时，徜徉过这片海洋。25 年后，这片海洋见证了中国远程战略导弹研制任务的完成，见证了他对祖国千金一诺的实现。

8

远瞩星辰大海

冷棋子的热效应

1984 年 4 月 8 日 19 时 20 分，"长征三号"运载火箭成功发射"东方红二号"通信卫星的消息震惊了世界，中国成为继美国、苏联之后世界上第三个能把卫星送上 36000 千米地球静止轨道的国家。当天，美国航空航天局局长贝格斯先生致电七机部部长张钧："你们完全有理由为中国航天计划中的这一重要技术里程碑而感到自豪。"

1984 年 4 月 8 日，"东方红二号"通信卫星发射成功，钱学森与张爱萍在北京卫星地面站

4 月 17 日 18 时，通信卫星向新疆、云南等边远地区传输了中央电视台的电视节目，画面稳定，图像清晰，色彩鲜艳，伴音纯正，传输效果比预想的还好。当年，这些地区只能依靠录像带收看中央电视台的节目，新闻常常变成了旧闻。使用国产通信卫星后，再偏远的地方也可以实时收看中央台的电视节目。

我国通信卫星的发射成功归功于"长征三号"运载火箭。该火箭的核心技术是火箭第三级采用了高能液氢／液氧发动机，这种发动机技术在世界上仅有少数一两个国家掌握。

钱学森很早就关注、研究火箭发动机推进剂的问题了。

1955 年钱学森回国担任中国科学院力学所所长后，便和副所长郭永怀以火箭技术为中心开展工作，其中就有探索各种高能推进剂组合与大型、中型火箭发动机试车台设计，并开展液体火箭发动机燃烧、传热的基础理论与探索性研究。

当时高能燃料在国际上尚属摸索和试验研究阶段，只有美国进展较快，但其对技术高度保密。我国要发展高能燃料，需要进行较长时间的试验、研究、反复比较分析和计算，钱学森就把这个任务交给了力学所二部（也称怀柔分部）和相关研究单位。

无论研究哪种推进剂，都需要有一处远离闹市的试验场所，就像当年冯·卡门把加州理工学院的火箭小组赶

1984年4月8日，"长征三号"运载火箭成功将我国第一颗地球同步轨道通信卫星准确送入预定轨道

到荒无人烟的干河谷一样。当时负责这项工作的是朱兆祥，他是力学所的所务秘书。通过科学院领导的联系和安排，朱兆祥找到交通部民航局请求协助。通过空中巡视和勘察，发现在怀柔县西北部有一处丛林密布、三面环山、名叫思家峪的小山沟。这里山上长城盘绕、山下溪水潺潺，很适合建立高能推进剂发动机的试车台。

山沟附近有个坟头村，在村长的帮助下，力学所二部的筹备组办公室和卧室设在了村边的一座破庙里。1959年小山沟里开始大兴土木建设试车台。建设初期，没水没电，没住房，进城也没有公共汽车。晚上，伸手不见五指，常有野狼出没，人住的帐篷里草蛇、野蜂、蜥蜴、老鼠频频光顾，苍蝇、蚊子更是家中常客，工地上的电缆还常常被老鼠啃断。1960年10月，一个挂牌叫"矿冶学校"、实名为"高能火箭推进剂试验基地"的单位终于建成。

钱学森经常风尘仆仆地来到矿冶学校查看，悉心指导大家开展当时比较先进的甲醇／液氟推进剂的研究。两年后，钱学森从有限的科技情报资料中了解到美国已经研制成功使用比冲更大、效率更高的液氢／液氧推进剂的火箭发动机，并准备用于"阿波罗"登月计划中的大型运载火箭。

此时，中国科学院物理所在液氢技术研究方面也有了重大突破，已经建成了8升／小时生产液氢的小型装置。因此，钱学森认为我国研究液氢／液氧推进剂及其火箭发动机的条件基本成熟，事不宜迟。如果尽早开展此项研

究，既可为将来发射卫星和星际航行打下重要基础，又不至于被美国落下很远。于是钱学森高瞻远瞩果断终止了甲醇／液氟推进剂的研制，转而部署液氢／液氧火箭发动机这枚"冷棋子"。

为保证液氢／液氧火箭发动机研制任务顺利进行，中国科学院和力学所从各方调集精兵强将，加强力学所怀柔分部的科研力量，并迅速组织力量试制大型液氢生产设备以保证大量液氢的供应。

在钱学森的直接领导下，由林鸿荪具体负责组织，力学所怀柔分部在只掌握极少量文献资料的情况下，历时五年半埋首山沟、默默无闻，开展了大量的研究、试验工作。

在工作最艰难的时期，钱学森每周三用半天时间听取各课题小组的汇报，并与小组骨干人员深入讨论交流，对工作过程中出现的各种问题提出指导性意见。他们对液氢／液氧推进剂在发动机燃烧室的工作特点进行了深入研究，进行了大量计算与分析，经过多次试验，取得了发动机运行时间长达400秒的好结果。试验取得数据与理论计算结果十分吻合，为液氢／液氧火箭发动机燃烧室的设计提供了重要依据。根据钱学森的建议，林鸿荪以燃烧

在力学所预研基础上研制的"长征三号"第三级液氢液氧发动机

振荡问题为研究重点，找到了解决发动机低频不稳定燃烧问题的途径，引起理论界和火箭发动机设计部门的极大兴趣和重视。

1964 年 11 月 24 日，我国首次以液氢／液氧为推进剂、推力为 500 千克的火箭发动机点火试验成功，这是我国自行研制的液氢／液氧火箭发动机从实验室试验转向工程化应用的一次重要实践。

事实证明，20 世纪 60 年代钱学森在小山沟布下的这枚"冷棋子"很快就发挥了"热效应"。70 年代中期，当国家下达了发射通信卫星任务后，一大批在钱学森指导下工作过的科技人员迅速成长为技术骨干，在力学所研究试验成果的基础上，有效解决了工程研制中的一系列难题，很快将我国第一种使用液氢／液氧火箭发动机的"长征三号"运载火箭研制成功，该火箭1984 年发射了我国第一颗地球静止轨道通信卫星。液氢／液氧火箭发动机专家朱森元院士感慨道："要是没有钱学森早期安排力学所完成氢氧发动机基础性的研究工作并且取得了许多成果，要想在工程上顺利研制出难度这么大的发动机是不可能的。"

此后，我国发射的地球静止轨道通信卫星和飞向月球的"嫦娥"系列探测器以及未来发射空间站等都无一例外地使用不同推力的液氢／液氧发动机火箭，这种火箭也成为我国推向国际商业发射市场的主力火箭。

"先行官"免死

"凡有空气流动的地方就有空气动力学"。空气是看不见的，空气动力学研究工作的成果也隐身于产品的背后，于是有人称这是一条"看不见的战线"。

空气动力学既是近代力学中最重要的一个分支，又是航空航天的重要理论基础之一。它在航空航天的发展中起着举足轻重的"先行官"作用。所有的导弹、火箭、航天器在设计时都要进行空气动力方面的试验，以了解它们在空气中高速飞行受力、受热的情况，据此才能设计最佳外形、决定采用何种材料等。

古人说："工欲善其事，必先利其器"，意思是工匠想要使自己的工作做好，一定要先让工具锋利。比喻要做好一件事，准备工作非常重要。要开展空气动力学研究，就要有工具，这个工具就是地面试验设备——风洞。风洞的建设技术复杂、投资巨大，自20世纪30年代以来，世界几个主要大国为了发展航空航天事业，相继建成了国家级的空气动力研究试验中心。

钱学森深谙空气动力学研究的重要，在他筹建国防部五院之时就开始四处物色人才。1956年10月国防部五院成立，仅仅过了两个月，10个研究室就成立了，其中第三个就是空气动力研究室。根据钱学森提名，由从哈尔滨军事工程学院调入的庄逢甘教授担任副主任。庄逢甘是当时国内最年轻的空气动力学教授，钱学森早在加州理工学院任教时就认识他，知道他有很好的数学基础和工程分析能力，而且思维敏捷，足以胜任这项工作。在钱学森的提携下，才华出众、师从国际著名流体力学专家李普曼教授、美国加州理工学院的航空和数学博士庄逢甘带领着18名刚刚跨出大学校门的学子，开始了中国航天"看不见的战线"的创业生涯。

考虑到研究室初建、技术力量不足，钱学森决定将研究室建立在北京航空学院（现北京航空航天大学）附近，以便得到高等院校技术力量的支持。当时的研究室除了庄逢甘和夫人戴淑芬外，只有18名刚从大学毕业的年轻人，开展工作十分困难。钱学森经常和庄逢甘

创业初期的风洞建设

一起商量工作，为他出点子打气，他和庄逢甘既是领导与被领导，又是老师与学生，关系处得十分融洽。庄逢甘亲自开课向年轻人讲授空气动力学，以身作则倡导严谨务实、实事求是的作风和品格。

根据钱学森的指示，1957年8月庄逢甘起草了第一份中国航天空气动力学试验基地的设备建设规划，后来形成了苏联援建我国的代号为"8108工程"的风洞建设工程。

"8108工程"是一个以满足火箭、导弹技术发展需要为主、初步配套的小型试验基地。正当工程在苏联专家指导下热火朝天地开始建设之时，苏联突然单方面停止执行中苏协议，撤走专家，带走图纸资料，处于襁褓之中的中国第一个国家级空气动力研究基地几乎夭折。

苏联以为撤走专家、带走图纸，中国在短期内就不可能建起风洞。他们哪里知道，早在1940年，钱学森受冯·卡门委托为加州理工学院古根海姆航空实验室的超声速风洞进行方案论证和分析计算，并组织实施了这一工程项目；1947年，钱学森又与人合作为麻省理工学院设计建造了中等规模的高超声速风洞。钱学森回国后，应北京大学周培源教授之邀，亲自参加了北京大学低速风洞的气动设计。这说明钱学森不仅在空气动力学理论上有重大贡献，也有能力带领中国航天人建设自己的大型风洞。

困难吓不倒中国人。从1961年开始，在钱学森、庄逢甘的亲自指导下，年轻的技术人员白天努力搞设计、绘图纸，晚上刻苦学习外文资料，提高本领。针对当时年轻人普遍存在空气动力学知识缺乏、外文水平低、阅读外文资料困难等问题，钱学森、庄逢甘要求大家学好一本英文空气动力学专著。庄逢甘不仅亲自为大家讲课，还组织编写了《新型风洞汇编》发给大家，以

便学习风洞的基本知识。在他们的严格要求和培养下，技术人员打下了较好的空气动力学功底和扎实的外文基础，养成了严肃认真的工作作风。一支有水平、敢打硬仗、敢于创新的航天空气动力研究技术骨干队伍在实践中锻炼成长起来了，正是这样一支年轻的骨干队伍承担起"8108工程"的建设任务。

钱学森十分关心、亲自过问工程建设，针对原设计过于落后的情况，钱学森要求庄逢甘重新自行设计，并提出低速风洞要放弃原来以飞机试验为主的方案，改为以导弹试验为主的方案。鉴于原来苏联提供的电弧加热器设备与当时的国际水平相差甚远，年轻的科技人员根据钱学森、庄逢甘的指示，克服许多困难，自行研制成功了管流加热器和硅整流器。

在不到5年的时间里，他们建成了配套齐全的从低速到高超声速风洞、电弧加热器和电弧风洞共9座，性能指标均达到设计要求，从设计、加工到安装、调试，完全依靠我国自己的力量完成。

后来，空气动力研究室逐渐发展壮大，变身为空气动力研究所、空气动力研究院，其中的几百名业务骨干还加盟了钱学森在三线组建的另一个空气动力研究中心。

1985年10月，在裁军100万的形势下，上级考虑撤销建在三线、属于军队编制的气动中心，钱学森闻讯坚决反对："先行官"必须免死！

1978年5月，钱学森到建设中的气动中心视察

这场"官司"甚至打到了"裁军100万"的首倡者、中央军委主席邓小平那里。

在中央一次重要会议之后，邓小平请钱学森留下，两人长谈了一次。

邓小平问："有人提出电子计算机发展到今天，气动特性已经可以用计算机来模拟，是不是不一定需要用风洞吹风了？"钱学森答："是有这种可能，但现在计算机的计算速度还达不到这个地步，将来即使达到了，风洞试验还是需要的，要对比看看计算的结果符不符合试验的结果、需不需要对计算方法进行修正。"

我国自行研制的亚跨超声速风洞

邓小平接着又问："听说由气动中心吹风需要大量的电能，已经影响到西南地区的工业生产了？"钱学森答："如果我们走美、苏研制航天飞机用的超大型风洞的路子，确实存在这个问题。他们在做这类吹风时，风洞所在整个城市用电都受影响。所以，我们不主张走美、苏的路子，而是发展激波风洞，走短脉冲（几毫秒至几十毫秒）的道路，以节约投资和电资源。"

这一席谈话解除了中央的疑虑，对三线气动中心的"免死"起到了关键作用。

如今，这两大气动中心一南一北，成为我国试验设备配套、技术力量齐全的大型航天气动研究试验基地，在看不见的战线上为航空航天事业的腾飞作出了举世瞩目的巨大贡献。

"这个名，我来签"

　　钱学森是中国航天史上少有的主心骨人物。他不仅以渊博的知识积淀、深厚的理论功底、丰富的阅历经验和先进的管理理念引领中国航天发展的技术道路，还在许多关键难题上发挥了别人无法替代的决定性作用。

　　"东风三号"导弹是我国第一个真正甩掉洋拐棍、完全自行设计研制的中程液体导弹，在性能上比"东风二号"有了质的飞跃。1967年5月，两枚"东风三号"导弹运往基地，其中一枚导弹进入发射程序后很不顺利，先是出现设备故障，先后两次中止发射。后来，又发生了意想不到的事情。

"东风三号"导弹点火起飞

　　"东风三号"总体副主任设计师王觉先回忆道："推进剂泄出后，我们上塔架去检查，发现导弹氧化剂贮箱变形严重，箱体向内瘪进去有4.55毫米，有人形象地说，导弹像糖葫芦了。"

　　从检查的结果看，故障比较复杂。当时基地同志从下到上都不同意再进行发射，担心发射时推进剂漏出，不仅会炸毁导弹，还会炸毁发射台和发射场。

　　试验队对故障进行了仔细的研究，认为导弹在靶场是可以修复的。同时设计人员对该导弹两个推进剂贮箱的强度进行计算，认为两个贮箱的结构强度仍有较大富余，不影响发射。

两部分人有了不同的看法，发射试验难以继续。周恩来、聂荣臻亲自点将，派钱学森飞赴基地处理问题、主持发射试验。

钱学森到达基地后，立即召开联席分析会，认真听取各方面的意见，对基地提出的20多个有关能否发射的技术问题，包括导弹经过加注、泄出，在发射台上竖立7天，导弹结构有无腐蚀、控制系统和遥测传感器问题等，布置试验队认真

1966年12月，钱学森等在"东风三号"导弹试验现场合影

研究、逐个回答，并提出改进措施。在钱学森的坐镇指挥下，问题一一得到解决。

至于推进剂贮箱的强度问题，钱学森亲自爬上发射架察看箱体外壳情况，认为壳体的变形并未达到结构损伤的程度，导弹点火前贮箱会充气，箱体加压就会恢复原来的形状。因此，他认为发射可以照常进行。

按照当时的规定，导弹发射必须要有3个人的签名才能"放行"，一个是负责发射工作的基地作战试验部长，一个是导弹研制部门的负责人，一个是基地司令员。可是作战试验部长不敢贸然行事，基地司令员也很谨慎，虽然他们觉得钱学森讲得有道理，但仍担心出事，两个人都不签字。发射不能再拖下去了，钱学森在多次说服无果的情况下毅然表示："这枚导弹现在的质量可以放心，这个名，我来签！"

钱学森为什么能在众人认为是大的故障面前，表现得如此胸有成竹呢？这是缘于他在冯·卡门领导的实验室做助研期间，对壳体的屈曲做过系统的

研究，观察过壳体变形的各种试验，摸透了它的特性。正如谚语所说：台上十分钟，台下十年功。

当只有钱学森一人签名的发射报告呈送给远在北京的聂荣臻后，聂荣臻说："这是一个技术问题。既然技术上由钱学森负责，他说可以发射，我同意。"

1967年5月26日，"东风三号"导弹点火后冉冉升起。很快，弹头落区传来好消息，弹头落点的精度非常高，测量弹头参数的回收装置也成功回收，获取了全部所需参数，飞行试验取得了完全成功。

还有一件他一锤定音试车台安全系数的故事，在航天人中广为流传。

导弹在进行全弹地面试车时，发动机喷气产生的强大振动对试车台必然会产生强烈的影响。因此，在建造试车台时采用多大的安全系数成为试车台设计的关键。安全系数过大，会浪费大量的材料和资金；安全系数过小，会发生事故、酿成大祸。

20世纪50年代末，苏联曾经援建我国一台近程导弹发动机试车台，设计图纸上标明强度安全系数为4，苏联专家没有告诉这是什么道理。当时购买这批图纸的价格极其惊人，一千克图纸等于一千克黄金的价钱。

当我国开始自行设计大型导弹试车发射两用台时，强度设计的安全系数还要不要用4呢？设计人员找遍国外资料，但无处查找依据，外国对此是绝对保密的。因此，设计人员一时无从着手设计，大家十分焦急。

钱学森知道这件事后，告诉设计人员"安全系数到底选定哪个数值，等一等再说，其他工作先做起来。"后来大家才明白，这位世界力学大师要亲自动手分析计算，他的骨子里就是有那么一股不服输的劲，中国人不比外国人笨。

1967年，在国防科委张震寰副主任主持的关于全弹地面试车台的会议上，钱学森发话了："关于导弹发动机工作引起试车台复杂受力问题，同志们做了不少工作，查找了不少资料。国外一般在设计时取振动安全系数为4，我简单计算了一下，试车台的强度系数不需要照苏联那么大，那我们得用多少钢材啊！我看用2.7就可以满足要求了。"

说着，他从上衣袋里掏出一张巴掌大的白色小纸片，向大家展示了他的计算结果，并简要地介绍了原理和计算方法。试车台研制人员徐保民正好坐在邻近，接过小纸片一看，是用纯蓝墨水钢笔写的，字迹清秀，上面列着一个计算公式，经过三次运算，划了三个等号，便得出安全系数为2.7。钱学森的渊博知识和雄厚扎实的数学、力学功底给与会者留下了十分深刻的印象，会上大家传看了这张不寻常的小纸片。

这张小纸片可解决了大问题，有了此数据，"拦路虎"被消灭了。钱学森说 2.7，那么试车台强度安全系数就用 2.7！试车台的设计工作立即开展起来。

采用 2.7 系数后，整个工程建设节省 32.5% 的材料和资金，仅钢材就少用了几百吨。试车台建成后，经过几十次的发动机试车和导弹、火箭发射试验验证，钱学森算出的安全系数 2.7 是完全正确的。

中国航天庆幸自己拥有一位敢当敢做的技术主帅。如果没有钱学森，我国导弹、火箭和人造卫星发射的时间还会推迟很久很久，研制经费也会花费更多。

催生中国第一星

1964 年 11 月初的一个晚上，窗外银杏树的落叶铺满了门前小路，金黄的落叶上洒落了些许寒霜，在碎银般的月光下，小路泛起如水的涟漪。中国科学院地球物理研究所所长赵九章站在小路上，抬头仰望星空，他多么希望能在浩瀚的天穹上看到一颗中国的星，哪怕小一点的。此时的他，在迎候一个人。

轿车穿行在深秋的寒风里，拐过一个个街口，沿着幽静的白石桥路向中关村方向驶去。车上的钱学森已进入知天命的年龄，他靠在椅背上，双眼微闭，沉思不语，心里想着如何配合赵九章解开中国卫星之扣。

钱学森应邀来到赵九章的办公室，一进门他就问赵九章："去基地的观感如何？"

原来一个月前，国防科委邀请赵九章、钱骥等人到酒泉导弹试验基地参观"东风二号"导弹的飞行试验。由于严格保密的原因，此前科学家们并不了解国防部五院研制导弹的实际情形，现在亲眼目睹中国自己研制的导弹腾空而起，大家内心激动不已。赵九章在导弹试验基地见到了久未谋面的钱学森。"原来你隐藏在这里，干这个来了！"赵九章伸出食指向上比划着模仿导弹升空，钱学森"嘿嘿"地乐了两声，以笑作答。

赵九章说："收获很大，

1953 年赵九章和贝时璋、吕叔湘访问苏联

导弹研制进程这么快，真是出人意料。"

"是啊，发射人造卫星，首要的条件是要有运载火箭，我看火箭已经不成问题。国防部五院已经制订火箭导弹发展规划，不用太久，我们便会拥有中远程导弹和洲际导弹。到那个时候，不要说几百公斤的卫星，就是几千公斤的卫星都有能力放上去。"钱学森信心十足地说。

赵九章回答说："想不到仅仅几年时间，我国就基本掌握了导弹技术，这是了不起的成就。有了导弹，我觉得把导弹试验和卫星发射结合起来可以收到一箭双雕的效果，这应当是个快捷的办法。"

赵九章告诉钱学森，这几年科学院经过预研准备，卫星技术已有一定基础。目前最关键的是必须说动国家领导人下决心搞卫星。赵九章认为钱学森说话比较有分量，希望钱学森能做些工作。

考虑到国家从 1961 年实行"调整、巩固、充实、提高"八字方针以来，刚刚走出经济困难的阴影，要办的事情太多，钱学森讲话比较谨慎："现在，领导顾不过来。不知道国家有没有力量，能不能下决心马上开展研制人造卫星的工作。不过，这件事情关系重大，我们可以分头做些工作。如果我们这边提，你们中国科学院也提，就可能更加引起中央的重视，问题解决的可能性就会大些。你看怎么样？"

赵九章点头赞许，深表同意："好！这样比较妥当。"

临别时，钱学森与赵九章相约他们二人以科学家的身份和个人名义分别上书中央，提出建议。

经过 20 多天的思考，赵九章和他的亲密搭档钱骥几易其稿，最终写好了一份建议。

1964 年 12 月，赵九章参加了第三届全国人民代表大会第一次会议。会上，周恩来在《政府工作报告》里说："我们要在不太长的历史时期内，把我国建设成为一个具有现代农业、现代工业、现代国防和现代科学技术的社会主义强国，赶上和超过世界先进水平。"赵九章闻此按捺不住心中的激动，12 月 27 日他连夜将那份早已准备好了的《关于尽快全面规划中国人造卫星的建议》签上自己的名字，于次日上午当面交给

赵九章给周恩来的信

远瞩星辰大海　　**137**

了周总理。

赵九章重点陈述了以下几点建议：一是发射卫星与洲际导弹相辅相成，发展人造卫星是解决我国远程导弹全程打靶的一个关键性措施，可推动远程导弹的发展；二是人造卫星可直接用于国防或服务于国防，如侦察卫星、测地卫星、通信卫星、气象卫星、预警卫星等，美、苏发射了几百颗卫星，几乎都与国防有关；三是人造卫星与尖端科学及工业的关系密不可分，即发射卫星可带动无线电、自动控制工业，特别是高精度远程雷达和高速计算机的发展，发射卫星可带动我国材料科学的发展等。

建议的最后一段是这样写的："如果中央领导决定了发射卫星的计划，在国防科委及国家科委的领导下，军民合作，大力协同，把科学院、有关院校及工业部门力量组织起来，相信一定可以提前完成国家这一项重大科学任务，争取在建国 20 周年前放飞第一颗人造卫星。"

周恩来看过赵九章的建议书十分高兴，利用开会间隙找到赵九章，希望他尽快拿出切实可行的实施报告。

人大会议一结束，1965 年 1 月 6 日，赵九章、吕强以地球物理研究所所长和自动化研究所代所长的名义一起联名向中国科学院党组递交了一份正式报告，建议加快发展人造卫星的步伐。

心有灵犀一点通。钱学森在与赵九章交谈后也感到发射人造卫星的运载工具完全可以和目前导弹的研制工作结合起来，一弹两用。眼下，中程导弹"东风三号"正在研制，将为发射人造卫星打下比较可靠的基础。恰巧，钱学森也参加了第三届全国人民代表大会第一次会议，聆听了周恩来的《政府工作报告》。于是，他开始配合赵九章"分头作些工作"。

1965 年元旦过后，钱学森向聂荣臻再次提起中国人造卫星的问题。

钱学森："我们在卫星研究方面已经开展了许多研究，现在看来，应该提到日程上来了。搞卫星是很复杂的事情，只有及早准备，到时候才不会误事。"

聂荣臻："人造卫星的事，我跟总理也经常议论。前几年我们在这方面的条件还不太成熟，作了一些基础性工作，去年国庆节的时候，毛主席还向我问过这方面的情况。"

钱学森："人造卫星的作用还不仅在军事方面，还可以搞测地卫星、广播通信卫星、气象卫星等，尤其是载人卫星，前景很广阔。从我们现在所具备的条件来看，发射 100 公斤的卫星是可以实现的。"

在赵九章上书周恩来提建议的 10 天后，即 1965 年 1 月 8 日，钱学森向国防科委提交了一份题为《研制卫星打算》的报告，建议早日制订我国人造卫星的研制计划并列入国家任务。

钱学森的报告如下：

国防科委并国防工办：

自从苏联在 1957 年 10 月 4 日发射第一颗人造地球卫星以来，中国科学院及原第五研究院对这项新技术就有些考虑，但未作为研制任务，现在看来：

一、重量在 100 公斤左右的仪器卫星，有以下几种已经明确的用途：可以用作测地卫星、通信及广播卫星、预警卫星、气象卫星、导航卫星、侦察卫星。

二、重量更大的载人卫星在国际上的应用现在虽然还不十分明确，但是帝国主义者总要把空间飞行器用到武装侵略上去，因此也得做准备，必要时用载人卫星来反击敌人的空间武器。

三、现在我部弹道式导弹已有一定的基础，"东风三号"进一步发

1960 年 4 月 钱学森在上海老港探空火箭发射场视察探空火箭发射

远瞩星辰大海　　139

展，能发射 100 公斤左右重的仪器卫星，而现在计划中的洲际弹道式导弹也有发射载人卫星的可能。但这些工作是复杂艰巨的，必须及早开展有关研究、研制工作，才能到时拿出东西。

四、因此建议科委早日主持制订我国人造卫星的研究计划，列入国家任务，促进这项重大的国际科学技术的发展。特此报告，请审定。

钱学森
1965 年 1 月 8 日

尽管两位大师的建议上报的对象不同，在写信这件具体事情上也没有相互通气，但是他们写的内容却出奇的一致。赵九章极力宣传卫星的军事用途，钱学森对此也是一唱三和；赵九章说"发射卫星需要有一段相当长的时间，我认为从现在起抓这一工作已是时候了"，钱学森也说"这些工作是复杂艰巨的，必须早日开展有关研究、研制工作，才能到时拿出东西。"最为一致的是，他们信里、信外透露出的急切心情：国家立项卫星研制是必要的、适时的，再不拿出人造卫星，中国人就会坐失良机！

两位"重磅人物"的信，终于为中国人造卫星的横空出世孕育了一个重大转机。

很快，中央专委批准了发射第一颗卫星的方案，代号为"651 任务"，意思是 1965 年的第一号任务。

国家任务绝不能耽误

  1968年正是"文化大革命"闹得如火如荼的时期，各行各业正常的工作秩序全部被打乱，到处都是一片混乱景象。航天系统也不例外，今天这派揪斗走资派，明天那派打砸抢；群众内部分裂成两派势不两立，领导统统靠边站，把个好端端的科研机构变成了动乱的重灾区，严重干扰了火箭卫星的研制。危难时刻，党中央决定对七机部实行军管，对钱学森等一批专家进行军事保护。由于钱学森受到毛泽东、周恩来的特殊保护和支持，七机部的两派群众都不敢揪斗他。他的特殊身份，使他在动乱中发挥了别人无法替代的积极作用。

  为了推进我国第一颗人造卫星的发射进程，国防科委决定各单位要召开"抓革命，促生产"动员大会，并指定钱学森去七机部一院动员。

  1968年2月9日，钱学森奉命在一院召开运载火箭研制工作动员会。他刚一开始讲话，就有个"造反派"站起来打断他："你们名义上说抓革命、促生产，实际上是以生产压革命，阻止我们对聂荣臻的批判。"

  钱学森立即提高嗓门说："我今天是受毛主席、周总理委派来召开这个大会的。卫星发射工程是毛主席亲自批准的，这是他老人家对我们的最大信任、最大的鼓励，也是最大的鞭策。我们不能辜负毛主席的期望。两派一定要联合起来，抢时间，保质、保量完成运载火箭研制任务。谁要是在这个问题上闹派性，影响了卫星上天，那就是政治问题，是对毛主席的不忠。""造反派"都知道钱学森是个文质彬彬的人，没想到他说这番话口气如此强硬，所以一下子都被镇住了。钱学森接着步步紧逼，他让两派的头头都上台，在这个"大是大非"的原则问题上表态。在那个特殊的年代，谁敢对伟大领袖毛主席不忠？于是派性受到了遏制，动员大会顺利召开。

远瞩星辰大海 **141**

1969年6月，历经磨难的"长征一号"运载火箭总装完毕，准备运往试验站进行地面试车。但是，七机部两派群众"顶牛"，封住了研究院的大门，火箭无法运出来试车。7月17日至19日，周总理连续3天主持会议研讨生产情况，25日又在中南海西花厅召集两派头头开会，周总理委派钱学森和七机部军管会副主任杨国宇全权处理有关火箭试车事宜，并要求参加"长征一号"火箭研制工作的29个单位和3456名工作人员必须坚守岗位、服从指挥。

会后，钱学森亲自到现场作说服工作，他把两派群众召集在一起，郑重地告诫大家："今天，我是奉周总理之命来主持点火试验的。在当前，尽快把我国第一颗人造卫星发射上去，让全世界看到中国制造的卫星，听到《东方红》的乐曲，就是党中央、毛主席交给我们的压倒一切的政治任务。你们任何人都要服从这个任务。如果技术上有不同意见，欢迎大家提出来，咱们当场研究解决。如果不是技术方面的问题，那就暂时放一放。火箭试车要立即进行，一天也不能拖了！这是国家任务，谁再拖谁负责！"在钱学森和杨国宇的斡旋和指挥下，两派群众握手言和，打开了研究院大门。大家奋战8天8夜，顺利完成了试车任务，周总理亲自发来了贺电。

在卫星研制方面，钱学森的任务也十分繁重。第一颗人造卫星在一定意义上讲，是一颗"政治卫星"，让全世界人民"看得见"和"听得到"是这颗卫星的使命。所以对钱学森压力最大的不仅是要成功把卫星送上天，还得要卫星运行轨道尽量覆盖全球。为了实现这个目标，钱学森带领大家对卫星原定的研制方案进行了大胆的修改和简化，删除了一些实验项目，以确保卫星使命的完成。

对于卫星简化方案，有些同志不理解，还有一些人反对并去上级告钱学森的"状"。钱学森认为卫星简化方案符合中央提出的"由简到繁、由易到难、循序渐进、逐步发展"的方针。他不厌其烦地给大家做工作："让全世界人民'看得见'和'听得到'是这颗卫星的使命，一切都要服从这个大局。"

钱学森率领的团队经过艰苦攻关，解决了运载火箭和卫星研制中的所有问题。1970年4月23日，"东方红一号"卫星的发射工作一切准备就绪，当晚钱学森在发射任务书上郑重地签上了自己的名字。

4月24日21时35分，一声巨响，"长征一号"火箭喷射出几十米长的纺锤形火焰，巨大的气流将发射架底部导流槽中的冷却水吹出四五百米远，火箭在震耳欲聋的轰鸣声中徐徐飞上夜空，越飞越高，越飞越远，渐渐消失在东南方的天空中。21时48分，现场指挥所传出"星箭分离""卫星入轨"的特大喜讯。过了一会儿，地面收到了"东方红一号"卫星在太空中奏响的《东方红》乐曲。灿烂天河里，有了属于中华民族的一颗亮星；浩瀚天宇上，有了中国人的话语权！

发射场沸腾了，欢呼声、口号声响成一片，大家热泪盈眶、拥抱雀跃。子夜时分，场坪上突然灯火齐明亮如白昼，各部门纷纷整队来到这里，现场庆祝大会就要召开。队伍刚排好，远处树影下走过来几个人，基地值班员没看清楚是谁，大声发口令说："是哪一部门的？怎么才来？跑步前进！"那几个人果然加快了脚步，走近了一瞧，原来是基地司令员李福泽陪着钱学森从指挥所那里过来，队伍里响起了一片笑声。

庆祝大会随即在发射场坪上举行。钱学森站在欢乐的人群里和大家一起分享这胜利的喜悦，看到了多年奋斗的梦想变成了现实，他再也抑制不住激动的心情，流下了幸福的泪水。发射基地领导和火箭、卫星发射队的代表在会上都发表了热情洋溢的讲话，轮到钱学森讲话时，大家都竖起耳朵想仔细听听这位从美国回来的大科学家会讲些什么。有点出人意料，他先是热情地歌颂了这一伟大成就，表彰和感谢了各有关方面的贡献，然后很沉痛地作了检讨，他说："很可惜，我们比日本慢了一步。卫星发射的时间一再推迟，作为国防部五院、七机部的领导成员，自己负有不可推卸的责任。"

此时，钱学森抬头仰望深邃的太空，想到那一颗颗明亮的星星中有一颗是他亲手挂上去的中国星，他的眼睛湿润了。

1970年春天的东方巨响，激荡了整个世界。就在第二年，纽约联合国大厦上升起了中华人民共和国的五星红旗，中国恢复了联合国常任理事国的合法地位。

9

梦在天边

"先把载人航天的锣鼓敲起来"

2008 年 9 月 27 日，中国航天员翟志刚在距地球 343 千米的太空首度出舱活动，历时 19 分 35 秒，在茫茫太空第一次留下了中国人的"足迹"。亿万人注视着翟志刚在太空舞动着的五星红旗，它记载了中国载人航天技术新的历史高度。在这里面有一双老人的眼睛，虽然沧桑却依旧明亮，闪动着骄傲和新的期待。

这位老人，就是已经 96 岁的钱学森。他平生很少看电视，这次破例看了直播。他显得很满足，中国从 20 世纪 60 年代开始准备的载人航天，今天终于有了一个好结果；他又觉得并不满足，毕竟这一步比人家晚了 40 年，和国外的水平相比还有不小的差距。

47 年前的那个日子，让他铭记了一辈子，向往了一辈子，追求了一辈子。那天，收音机里正大声地播送着塔斯社的重大新闻："1961 年 4 月 12 日，

世界上第一位航天员加加林

苏维埃社会主义联盟共和国把世界上第一艘宇宙飞船东方号发射到地球轨道上，东方号上的航天员是苏联公民尤里·阿里克谢耶维奇·加加林少校……"

如果不是这条爆炸性新闻，1961 年 4 月 12 日这个普通的星

期三很可能会像许多其他平平常常的日子一样，随着时光的流逝很快从人们的记忆中消逝。然而，这一天因加加林而增色，因加加林而永垂青史！16天后，加加林乘坐图-104飞机在捷克斯洛伐克摆满鲜花的首都布拉格降落，一枚捷克领导人颁发的社会

加加林乘坐的"东方号"飞船

主义劳动英雄金星奖章挂在了他的胸前。从此，加加林开始了他出访友好国家的第一站，他一共访问了30个国家。也许，当时的中国正处于三年自然灾害的苦痛中；也许，当时的中国正沉浸在中苏关系破裂的愤懑中；也许，当时的中国正在"美帝""苏修"的封锁中，总之，加加林没有踏上与他的祖国接壤边境线长达4000千米的大邻国——中国的土地。

但是，加加林的壮举对航天科学家钱学森的触动是极大的。当他还在加州理工学院的喷气推进实验室忙碌时，就有过"火箭客机"的设想，而今苏联人率先遨游了太空。1961年4月16日，钱学森以中国科学院力学所所长的名义在《人民日报》上发表文章《宇宙飞行的新纪元》，盛赞了苏联航天技术的新发展。

钱学森看到，加加林上天以后，世界航天大国都把载人航天工程列入议事日程。苏联计划建成以空间站为核心、载人飞船和货运飞船为运输系统的载人航天系统，可以进行长期载人航行。美国也不甘落后，在发展"水星号"飞船和"双子星座号"飞船的同时，1961年5月25日，年轻气盛的总统肯尼迪在国会联席会议上宣布了雄心勃勃的国家航天目标："我认为我们的国家将致力于达到这样一个目标，即在本十年结束之前，我们将把人送上月球并安全返回地面。"

随着美、苏两国在载人航天领域的相互竞争和迅速发展，载人航天的意义已不仅在科技和军事方面，而且在政治方面显示了重大的影响。虽然中国的航天事业刚刚起步，但这种态势也引起了中央高层领导和钱学森的认真思考。

为了探讨中国空间技术的发展途径、开辟新领域、交流学术成果、促

进各学科互相渗透，在钱学森等专家的倡导下，中国科学院举办了"星际航行"座谈会。1961年6月3日，在北京文津街3号中国科学院院部二楼会议室，由裴丽生副院长主持召开了第一次座谈会，钱学森首当其冲讲演，题目为"今天苏联及美国星际航行中的火箭动力及其展望"。出席会议的有科学院相关研究所及上海机电设计院等9个单位的科技专家共42人。他对星际航行与洲际弹道式导弹、星际航行的动力学问题、人进入宇宙空间等问题做了全面而深刻的阐述，对火箭动力系统的展望有深刻和独到的见解，他的精彩讲演在会上引起广泛热议。

从1961年到1964年，"星际航行"座谈会召开了12次，每次都有一位专家作主题演讲，然后大家敞开思路热烈讨论，参加会议的单位和人数逐渐增多，最多时有200余人。钱学森还于1961年在中国科技大学开设并亲自讲授"星际航行概论"课，在讲义基础上，他撰写的专著《星际航行概论》于1963年正式出版。

1963年，中国科学院还成立了由裴丽生、竺可桢、钱学森、赵九章等组成的星际航行委员会，专门研究未来星际航行的规划，并且把正在实施的探空火箭生物实验也纳入了该计划。钱学森等专家"引爆"的有关星际航行的大讨论大有星火燎原之势，不仅活跃了学术思想，也为卫星研制工程和载人航天工程提供了知识储备。

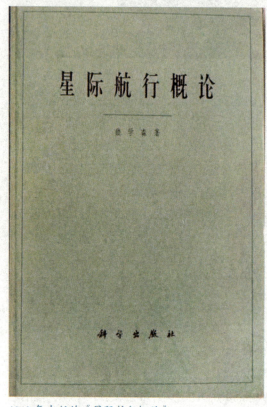

1963年出版的《星际航行概论》

钱学森屈指算过，苏联人是1957年10月发射的第一颗人造卫星，不到4年，1961年4月他们就放飞了太空使者——加加林。美国人是1958年1月发射的第一颗人造卫星，4年后的1962年2月，他们也把航天员格伦送上了太空。4年时间，多么诱人的进度！它深深地触动和"勾引"着中国的科学家。钱学森在西北的大漠中刚刚完成了"东风一号"导弹和"东风二号"导弹的研制试验，他暗自算计着，再加快速度搞出几种射程更远的导弹，中国人造卫星和载人飞船就有运载工具了。

国家度过了三年自然灾害期，经济正在好转，中国的第一颗人造地球卫星计划明显地加快了步伐。1965年10月20日，国防科委委托中科院召开了第一颗人造卫星总体方案论证会，也称"651"会议。会上讨论了载人航天的内容，军事医学科学院专家贾思光在会上作了"宇宙航行中人的作用"的发言和"航天生命保障系统医学与工程"的补充发言。

"651"会议前，中国科学院结合星际航行委员会的研究成果，在1965年7月提出了《关于发展我国人造卫星工作的规划方案建议》。《建议》中，列举了我国未来10年内计划发射的4个系列20颗卫星及飞船的计划。其中有一条重要的内容：在我国第一颗人造地球卫星上天后5年，发射载人飞船。

1965年8月，中央专门委员会原则批准了这个《建议》，同意在中国第一颗人造卫星上天5年后发射载人飞船，为此还安排了近200项预研课题。为了及早开展载人航天预研工作，按照中央专委"由简到繁、由易到难、由低级到高级、循序渐进、逐步发展"的方针，1966年5月中科院召开了我国卫星系列规划论证准备会，钱学森对规划论证十分重视，他尽可能抽出时间参加这些会议，听取载人飞船专题汇报，并与大家一起讨论。

我国要发射载人飞船，首先要具备推力大、制导精度高的运载火箭，还要掌握可靠的回收技术，此外还涉及飞船的耐高温与隔热材料的研制、再入大气层时的通信、降落伞以及安全着陆等许多问题。另外，还需要考虑生命保障系统以及地面训练航天员所需的整套环境模拟设备的研制周期。因此，中科院对《发展规划》中的载人飞船这一部分进行了相应的调整，将生物卫星试验尽可能并入到探空火箭试验中。于是，"大跃进"计划由原来的5项调整为2项。第一项是无人飞船，预计发射时间为1972年，重量为2000～3000千克，试验目的一是试验生物长期在空间生活的情况；二是试验小再入角、低超重状态下的返回技术；三是试验地面观测系统对载人飞船的适应情况；四是考验生命维持系统和安全保障系统的功能。第二项为载人飞船，预计发射时间为1973年，重量为2000～3000千克，试验目的一是中国人首次进入空间，扩大政治影响；二是试验用人来执行空间应用任务，为发展空间平台打好基础。

可惜的是，这个规划还没来得及实施，史无前例的"文化大革命"就来临了。

1967年3月中旬的一天，"文化大革命"游行的队伍挥舞红旗、高呼"打倒走资派"的口号，从北京东高地七机部第八设计院的门前经过。一名好几天没有正事干的年轻人实在憋不住了："苏联加加林上天都6年了，我们连一颗卫星也没有放出去，还喊什么！"这人叫范剑峰，1958年从华东师范大学物理系毕业，在第八设计院搞火箭、卫星和飞船总体设计。他对周围的同事说，反正歇着也是歇着，领导被"挂"起来了，不如咱们自己先干起来。他的想法得到了同事的赞同，于是他们自发地邀请中科院、军事医学科学院和第八设计院的专家在研究室里开了一个座谈会，专题研究载人航天怎么搞。虽然在先上猴子还是先上人的问题上有不同意见，但是有一条意见是绝对一致的——越级向上反映，尽快组织开展载人飞船的研究工作。

就在大家七嘴八舌地议论如何给上级写信反映意见时，一位身着蓝色中山装的中年人轻轻地走进了他们的办公室。他白皙的皮肤、宽大的天庭，眼睑有些浮肿，原来为了建设地地导弹试车台的事情，他刚刚从酒泉导弹试验基地回北京。"呦，这不是钱学森、钱副部长嘛！"有个年轻人叫了起来。范剑峰赶紧站起来，向钱学森汇报了他们自发组织的"革命行动"。

钱学森听了大家的意见，鼓励大家说："你们的想法很好，抓紧干吧，我支持。可以先系统地收集资料，做一些方案论证方面的工作。"他告诉大家，科研生产形势很快就会有改观，中央要采取措施保证我们按时完成导弹、卫星任务。因为他从聂荣臻那里得知，上面正在考虑把目前分散的、被"文化大革命"搅得混乱的研制单位整合起来，组建空间技术研究院。钱学森给大家鼓劲说："不管外面怎么样，我们先把载人航天的锣鼓敲起来！"

"七机部副部长、受到上面保护的钱学森支持我们了！"

范剑峰一伙人心里热乎乎的，好像吃了定心丸。他很快在设计院里组织了20多个人（这些人大多数成为日后制订"曙光号"飞船方案的骨干）开始对载人飞船进行调研、论证。之后，钱学森又亲自找过范剑峰，谈了多次飞船的事，每次都对他说："你们赶快搞起来，有什么困难和问题跟我讲，这是一件国家的大事情啊。"

"714" 工程被迫下马

在钱学森的直接关怀下，1967 年 6 月，七机部第八设计院成立了载人飞船总体研究室，由卫星专家王希季组织开展载人飞船总体方案概念研究，研究工作由范剑峰具体负责。载人飞船研究工作在"文革大革命"中悄然起步。

9 月，设计院完成了任务分析、方案制定、总体性能参数分解与综合、轨道设计、构型设计以及分系统设计等一系列研究工作，写出了可载 1 名航天员的飞船方案论证报告。当他们把方案报告给钱学森时，钱学森兴奋地说："告诉你们一个好消息，中央专委办公室已经给咱们的飞船取了个名字。"大家迫不及待地问："叫个什么名字？""曙光号！"钱学森的脸上堆满了笑容。"哈哈，我们名正言顺了"，范剑峰和他的几位同事激动得竟然一夜没睡着觉。

1968 年 1 月 8 日，在中国空间技术研究院成立前夕，钱学森主持召开了我国第一艘载人飞船总体方案设想论证会。参加会议的人都是各系统的权威专家，大家热情高涨，各抒己见，争论时时发生，后来有一种意见渐渐占了上风：我国的第一艘飞船如果只乘坐一人显得太落伍，应当有超越苏、美的勇气，毛主席不是说过"像美国那样山药蛋大小的卫星我们不放"吗，连卫星都不放小的，那我们的飞船就更不能小了——于是，大家意见逐渐趋向一致，要搞就搞个大一点的，我们第一次就要上去 5 个人！

钱学森也备受鼓舞，赞同大家的意见，他也认为可以走自己的路，不必趋苏、美的老路。但回去细细考虑之后，想到问题并不是那么简单。如果乘坐 5 个人，那需要多么大的运载火箭啊，参加会议的同志对火箭情况不太了解，可钱学森知道底细呀，若用洲际导弹改装成运载火箭，其运载能力根本达不到发射装有 5 名航天员的飞船的需要。再说，测控系统还不落实，卫星测控与飞船测控有很大区别，钱学森还打算在 "718" 工程（研制远洋测量控制船的工程）方面提些建议，统筹考虑载人飞船的跟踪测量和航天员的回收救生问题。还有，航天医学方面有三四个单位在搞，力量太分散，也不利于承担这么重的任务……

思来想去，钱学森逐渐理清了思路：当时美、苏的飞船仅载 2 名航天员，计划中的 "阿波罗" 飞船也只载 3 名航天员，我们还不能太冒进。所以，他一方面很快找来各单位协商，提出意见：制订一个 5 人方案还不够，还需要提出 3 人或 2 人的方案，进行多方案比较，多听不同意见。

1968 年 2 月 20 日，中国人民解放军第五研究院（后改名为中国空间技术研究院，以下简称空间技术研究院）成立，钱学森兼任院长。钱学森上任后，载人飞船问题很快提上日程。4 月，空间技术研究院在空间飞行器总体设计部（简称 501 部）正式成立了载人飞船总体设计室，原先在第八设计院从事载人飞船论证的人几乎全部调了过来，由范剑峰任主任。他们很快组织起 40 多名专家迅速展开工作，先后完成了可载 5 名航天员和 1 名、2 名、3 名航天员的 4 种 "曙光号" 飞船的方案论证。而航天医学方面的几个单位也于 1968 年 4 月整合到一起组成了 507 所，归到钱学森的空间技术研究院麾下。

1970 年 4 月 24 日，一个乍暖还寒的日子。就在我国第一颗人造地球卫星 "东方红一号" 发射的同一天，在有全副武装军人把门的北京城西的工程兵招待所里，聚集了来自全国各有关部门的领导和专家。虽然大家都身着便衣，但紧张的气氛还是能让人感到这里在开什么军事会议。此时，"曙光号" 载人飞船总体方案讨论会正在进行，与会人员正商量着中国未来的飞船该是什么样。

一切似乎都很顺利。501 部展示了已初步设计的载人飞船样图和一个飞船模型。

"曙光号" 飞船是一个类似美国第二代飞船

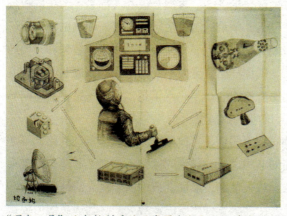

"曙光一号" 飞船控制系统示意图（绘于 1974 年）

"双子星座号"的飞船，外形像一个倒扣的大漏斗，由座舱和设备舱两大舱段组成。座舱里放置了2名航天员乘坐的弹射座椅，有仪器仪表、无线电通信设备、控制设备、废物处理装置，还配有食物和水、降落伞等；设备舱里有制动发动机、变轨发动机、推进剂箱、电源设备和通信设备等。

客观地说，当时航天科技工作者对中国飞船的选型是很有见地的。

20世纪60年，代正是苏、美争霸太空、载人航天活动你方唱罢我登场的年代。此时，苏联在加加林之后已推出了"东方号""上升号"和"联盟号"三代飞船，美国也推出了"水星号""双子星座号"和"阿波罗号"三代飞船。中国在一无所有的条件下发展载人航天，学习借鉴别人的经验可以避免从头探索、少走弯路，何乐而不为？当时，技术上最先进的飞船是"联盟号"和"阿波罗号"飞船，但是1967年4月苏联的"联盟号"首飞出师未捷，飞船返回时就因伞绳缠绕降落伞未打开致使航天员科马罗夫摔死，这是人类载人航天历史上牺牲的第一位航天员，"联盟号"也因此停飞了1年半。而"阿波罗号"是美国的登月飞船，更加先进，中国初搞飞船便一步"登月"有些不切实际，所以中国的飞船选型目标便指向了与苏联"联盟号"技术上接近的美国"双子星座号"。

早期航天服的研制

早期航天员训练

瞄准这样的技术指标，不仅在当时已是很高、很理想的目标了，就是在 40 多年后的今天来看，要达到这个目标仍然不那么容易。航天科技工作者开始进行诸多技术的攻关，比如防热技术、返回技术、控制技术、发动机技术等，还进行了多次大型试验，甚至连飞船的运输车和航天员的食品也做好了。

1970 年 7 月 14 日，在我国第一颗人造卫星上天之后 80 天，毛泽东、林彪、周恩来和中央军委办事组批准了国防科委的请示报告，报告中明确提出"即着手载人飞船的研制工作，并开始选拔、训练宇航员"。几位领导都在文件上画了圈，表示同意。毛泽东是最后一个画圈的，钱学森亲眼见过这份文件。于是，我国载人飞船"曙光一号"重大工程有了一个秘密代号——"714"工程。

毛泽东的批准极大地鼓舞了广大科研人员，这意味着"曙光一号"载人飞船正式上马，进入型号研制阶段。钱学森作为中国载人航天的技术统帅，一手抓"曙光一号"飞船设计和运载火箭，一手抓宇宙医学和航天员的选拔培训。

11 月 9 日至 26 日，国防科委和七机部在北京京西宾馆再次召开了"曙光一号"载人飞船方案论证会，代号"11·9会议"，这是"714"工程的第一次大型技术会议。与会者一致通过了"曙光一号"飞船由 2 名航天员驾驶，最长飞行时间为 8 天，运载工具准备采用"东风六号"环球火箭，争取 1973 年先发射无人飞船，成功后于 1974 年再发射一艘载人飞船的总体方案。

会议结束前，钱学森在会上作了总结性发言，他特别强调："我们承担的都是中央专委、国务院确定批准的任务，我们一定要抓紧落实，认真做好，给国家一个好的交代！"大家个个兴奋激动，人人情绪高昂，都准备会后大干一场，为祖国的第一艘载人飞船早日上天而出一份力。

然而，"文化大革命"的干扰使载人飞船的许多工作无法展开，"东风五号"洲际导弹研制计划被迫推迟，"东风六号"环球火箭也因技术力量不足、

154

研制经费不够被迫下马。

1971年9月13日，中国政坛上发生了一场重大变故，"副统帅"林彪仓惶出逃，使国内形势陡然变化，许多企业无暇顾及"曙光一号"载人飞船的协作生产，空军更是成了"重灾区"，包括航天员选拔训练在内的许多工作全部中断。11月中旬，空军宣布航天员训练筹备组解散。

"714工程"陷入了举步维艰的境地。

1975年3月，国防科委正式宣布"714工程"暂停，只保留核心技术的跟踪研究。

周恩来总理实事求是地就中国载人航天的发展讲了几条原则，其大意是：不与苏、美大国开展太空竞赛，要把地球上的事先搞好，地球外面的事情先放一放，要搞国家建设急需的应用卫星。

自此，中国暂缓了对载人航天的探索，而把精力和重点放在了各种类型的应用卫星方面，而这一缓就是10年。

一言九鼎

"714 工程"暂停之后，中国再次掀起载人航天的浪花已是改革开放后的 1985 年，距加加林上天整整 24 年过去了。

20 世纪 80 年代中期，又是一个世界强国大闹天宫、划天为疆、风起云涌的"战国"时代。苏、美等国掀起了一场以发展经济、科技为重点，带动军事力量发展的高技术竞争。在这场争夺高技术发展战略高地的激烈竞争中，我国如何参与竞争，在世界航天领域占据一席之地？中国航天人真的坐不住了。

1986 年，神州大地唱响了"春天的故事"。改革开放的总设计师邓小平 3 月 5 日批准了王大珩、王淦昌、杨嘉墀和陈芳允四位老专家提出的《关于跟踪研究外国战略性高技术发展的建议》。随即，中央组织数百位专家反复论证，形成了著名的"863"计划。

"863"计划包括生物、航天、信息、先进防御、自动化、能源和新材料 7 大领域 15 个主题项目。航天技术是其中的第二大领域，简称为 863-2 领域，1987 年 2 月该领域成立了专家委员会。

专家委员会下设两个专家组，主要研究两大主题项目：一是大型运载火箭及天地往返运输系统，代号"863-204"；二是载人空间站系统及其应用，代号"863-205"。这两个课题连读起来的意思再明白不过：

20 世纪 70 年代钱学森与航天医学工程所所长陈信交谈

大型运载火箭是登天之梯，天地往返系统是天河之舟，建立空间站是目标，而开发利用空间资源是根本目的。

也许是早就憋不住的载人航天欲望使然，两个专家组行动得都很快。"863-204"专家组成立仅仅2个月后，便采用招标方式选择在技术方面有优势的单位，按要求各自论证，标书开宗明义："关于大型运载火箭及天地往返运输系统的概念研究和可行性论证"。应标的单位相当踊跃，仅航天部所属单位就有一院、三院、五院、八院四个研究院下属的研究所分别参加了投标。据粗略统计，航天部、航空部、国家教委、中科院、总参谋部、国防科工委等系统60多家科研单位的2000人参加了这场大论证。由于是科学界的技术概念论证，没有太多的行政干预，所以这番讨论，思想相当解放，视野相当开阔，是中国航天技术发展史上前所未有的。

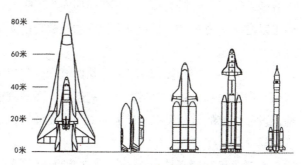

1987年论证的载人航天五个方案

1987年，"863-204"专家组从竞标的11种技术方案中筛选出了5种：
第一个载人、载货飞船方案；
第二个是小型航天飞机方案；
第三个是航天飞机方案；
第四个是两级火箭飞机方案；
第五个是空天飞机方案。

1988年7月20日至31日，北国边城哈尔滨，5个方案的代表开始接受17位著名专家的评议。评审专家们的思想比较统一：空天飞机和火箭飞机虽然是未来天地往返运输系统可能的发展方向，但我国目前还不具备相应的技术基础和投资强度，不宜作为21世纪初的跟踪目标；航天飞机要解决火箭发动机的重复使用问题，难度比较大；可供进一步研究比较的是飞船方案和小型航天飞机方案。

在专家的评审打分表上，这两个方案的得分非常接近，"船派"方案是83.69分，"机派"方案是84分，稍稍占了上风。

"船派"专家认为，从技术上讲，我国已经有了十几颗返回式卫星回收

梦在天边

成功的经验，在防热、轨道控制、姿态控制和降落伞回收等关键技术上打下了一定基础；"曙光号"飞船的预研成果，为生命保障、飞船设备的研制提供了技术储备；运载火箭技术和发射场等基础设施也有了一定的技术和物质成果，可以充分利用。从实用上讲，飞船既可搭载航天员，又可向空间站运输物资，即使有了航天飞机等运输器，它仍然适用于空间站的小型轨道救生艇。况且，在较长的一段时间里，我国天地往返的需求量不会很大，一次性使用的飞船相对来说更便宜、更经济。从研制进度讲，用 8 ~ 10 年攻关，载人飞船有望在 21 世纪到来前后把中国航天员送入太空；而由于我国航空工业基础较弱，研制航天飞机则在短期内难以完成。从未来发展讲，利用飞船可以进行交会对接、航天员出舱活动等试验，为未来空间站积累工程实践经验。

"机派"专家提出，飞船是 20 世纪五六十年代的产物，技术上显得有些落伍，中国的载人航天应当有一个高起点，要搞就搞技术先进的、代表国际航天发展潮流的航天飞机；航天飞机可重复使用，从长远看，发射的次数越多就越便宜、越经济。

面对争论，时任国务院总理的赵紫阳说："既然意见不统一，你们进一步深入论证后我再定。"于是，两个方案又经过了近一年的调研论证。1989年 7 月，"863-204"专家组从技术可行性、国家经济承受能力、技术风险等方面，将载人飞船方案与小型航天飞机方案作了比较，考虑到中国的具体国情，同时照顾到方方面面的积极性，提出了由初级到高级两步走的途径：第一步，充分利用我国返回式卫星回收技术，从载人飞船起步，以较少的经费和较短的周期，在 2000 年左右研制出初期的天地往返运输系统——多用途飞船，使我国尽快突破载人航天技术，解决有无问题，满足初期空间应用的要求；第二步，在 2015 年左右研制出先进而经济的天地往返运输系统——两级水平起降的空天飞机，以适应未来空间站大系统发展的需要。

开展载人航天论证时，钱学森年过七旬，已退居二线，他没有参与这些讨论，但论证中出现不同的意见，他早有耳闻。设在国防科工委的国家航天领导小组办公室非常重视钱学森的意见，常把有关简报送给他。

在 1989 年 9 月 28 日《国家航天办简报》第五期上，钱学森看到有个单位在 8 月 24 日写给国家航天领导小组的信中坚持认为"航天飞机方案"优于"飞船方案"。理由是，载人飞船作为天地往返运输手段已经处于衰退阶段，我国如采用此方案，起点过低；而航天飞机代表世界发展潮流，具有明显经济优势，更适合我国国情。国家航天领导小组办公室准备据此给中央写报告，呈送前特地征询钱学森的意见。

钱学森很少介入"热线"上的工作，见组织上征求他的意见，便非常认真地在报告上写了十个字："应将飞船方案也报中央。"这短短的一行字至关重要，非常清楚地表达了钱学森的意见。

见此情况，国家航天领导小组办公室主任丁衡高请专家委员会再去听听钱学森的意见。

1989 年 8 月 12 日上午，"863"专家委员会主任屠善澄专门向钱学森汇报了论证工作的情况，并征询他的意见。以钱学森丰富的阅历和经验，他的意见无疑对国家决策有着举足轻重的作用。

在钱学森看来，决定载人航天能否重新启动的关键并不在于飞机和飞船两种技术途径哪一种优、哪一种劣，而在于国家经济和技术能力能承受哪一种；并不在于把眼前的争论定个谁是谁非，而在于从国家的利益和可能出发，拿出一个可行的、可持续发展的顶层计划。

那一天，钱学森就此问题推心置腹地与屠善澄谈了很长时间。

屠善澄问："假如要人上天，飞船作为第一步，您的意见是什么？"

钱学森回答说："假设要人上天，第一步可以是这样。"接着又补充了一句：

杨利伟航天员看望钱学森（2006 年 1 月 10 日）

"神舟五号"发射

"如果说要搞载人，那么用简单的办法走一段路，保持发言权，也是可以的。"

钱学森的意见比较全面地反映了他对20世纪60年代到80年代载人航天历程的反思，用系统工程权衡的办法来分析，他支持用飞船这种相对简单的办法起步，以便尽早在载人航天领域获得发言权。这是一个明确的表态，钱学森对那场旷日持久的争论从技术上给予了明确的结论。

1992年1月8日，中央专委召开会议专门研究发展我国载人航天问题。会议认为，"从政治、经济、科技、军事等诸多方面考虑，立即发展我国载人航天是必要的。我国发展载人航天，应从载人飞船起步。"

中国载人航天工程在钱学森坚持不懈的努力和早期载人航天计划和预研成果的基础上，从1999年至2016年完成了从"神舟一号"到"神舟十一号"5次无人飞行和6次载人飞行，实现了中国人千年的飞天梦想。

10

高山仰止 大师风范

我本无罪，何须特赦

　　钱学森家中小客厅里悬挂着一副对联："汉柏秦松骨气　商彝夏鼎精神"，钱学森非常喜欢，其实这正是钱学森伟大人格的真实写照。

　　钱学森在美国求学、工作 20 年，其中大部分时光是在加州理工学院度过的。1979 年，加州理工学院授予钱学森最高荣誉——杰出校友奖，但直到 2001 年 12 月，钱学森才正式接受这一荣誉。

　　为什么钱学森 22 年后才接受这份荣誉？

　　谜底是这样的。

钱学森家客厅里悬挂的对联

改革开放以后，美国多次邀请钱学森出访，都被他拒绝了，那里是他度过青年时代的第二故乡，人们都以为他会愿意再去。事实上，钱学森终生没有重返美国。

钱学森是一个有骨气的科学家。1950年美国麦卡锡主义盛行，在反共浪潮下，他先是遭驱逐出境，后又被软禁5年，在美国遭受了不公正的待遇，受到了极大的侮辱。钱学森坚持认为，只要美国政府不道歉，他此生就坚决不去美国。

1979年，在中美正式建立外交关系的当年，美国加州理工学院授予钱学森"杰出校友奖"。即使这样，钱学森也没有改变主意，他没有到美国接受这份荣誉。学校规定，这个奖需要获奖者亲自到场领取。由于钱学森没有去，奖章和证书一直存放在加州理工学院的展览室里。

直到2001年钱学森90岁生日时，他在美国的好友马勃教

马勃夫妇看望钱学森夫妇

授来华访问，加州理工学院打破惯例，校长巴尔的摩委托马勃专程到北京，将久违了22年的"杰出校友奖"奖状和奖章送到钱学森家里，当面颁发给了钱学森。

也许美国政府注意到了钱学森的举动，多次表示想邀请钱学森回美国访问。1985年，美国总统科学顾问基沃思访华，在会晤国家科委主任宋健时表示，钱学森对美国的科学技术进步特别是军事科学的发展做出过很大贡献，想邀请他访美，并由政府和有关学术机构表彰他的重要贡献。他表示和美国科学院、美国工程院讨论过钱学森在美国的工作，如果钱学森来美国，授予其美国科学院院士和美国工程院院士的称号是没有问题的。考虑到钱学森的老师冯·卡门曾获美国政府颁发的最高科学成就奖——国家科学勋章，而钱学森是冯·卡门最得意的学生，美国政府也可以授予他这一荣誉。这种授奖仪式一般都在白宫举行。如果钱学森来美国接受这项荣誉，他不能保证总统一定出席，但可以保证副总统一定会出席并亲自给钱学森颁奖。

钱学森接到这个信息后说："这是美国佬耍滑头，我不会上当，当年我离

高山仰止　大师风范

开美国,是被驱逐出境的。按美国法律规定,我是不能再去美国的。美国政府如果不公开给我平反,今生今世绝不再踏上美国国土。"

当时的中共中央总书记胡耀邦曾劝过钱学森。一次开科学技术大会,他就坐在总书记的旁边。胡耀邦对他说:"钱老,你在国际上影响很大,一些国家邀请你,我建议你还是接受邀请,出去走走。你出去和别人不一样,对推动中外科技交流会有很大影响。这也是今天改革开放的需要啊!今天,世界在变,中国在变,美国也在变。几十年前的事,过去了就算了,不必老记在心上。你去美国走走,对推动中美间的科学技术交流甚至推动中美关系的发展都会有积极意义。"

听了胡耀邦这番话,钱学森说:"总书记,当年我回国的事很复杂,涉及美国法律问题,美国人不公开认错,我不宜出访美国。"原来,凡在美国移民局的档案里留有被驱逐记录的,必须经由某种特赦手续才能入境。"我钱学森本无罪,何须你特赦?"胡耀邦听后说:"钱老,我这是劝你,不是命令你一定要去。如果你认为不便去,我们尊重你个人的意见。"

1989年年初,国际科学技术协会主席塔巴致信我驻美大使,信中写道:

钱学森获世界级科技与工程名人奖的奖牌正面

"中国著名科学家钱学森获1989年威拉德·罗克韦尔技术杰出奖,钱学森的名字已正式列入《世界级工程、科学、技术名人录》,并同时授予"国际理工研究所名誉成员"称号,表彰他对火箭、导弹技术、航天技术和系统工程理论做出的重大开拓性贡献。"威拉德·罗克韦尔技术杰出奖也叫小罗克韦尔奖,由国际理工研究所于1982年设立,这是现代理工界的最高荣誉等级。到1989年,全世界只有16位现代科学家获此殊荣,钱学森是唯一一位中国科学家。

6月29日,纽约举行了隆重的颁奖仪式,但是钱学森仍然没有到场,是中国驻美大使韩叙代领的。钱学森坚持认为,美国政府不认错,即使给再高的荣誉,也不稀罕。

有人得知钱学森获奖的事,写信祝贺他,钱学森回信说:"我觉得美国人给我发奖没什么。评价一个中国科学工作者的工作,最有权威的不是一个什么美国的评审委员会,而是中国人民。如果中国人民说我钱学森为国家、为人民办了点事的话，那才是最高的奖赏。"

　　也许有人认为钱学森"太记仇""没有胸怀"，事实证明，钱学森是对的。在美国政府和美国国会内部确有一帮反华的极右政客，他们不愿看到中国的强大。1999年，在钱学森回国44年之后，他们抛出臭名昭著的《考克斯报告》又重提钱学森回国之事，并污蔑中国导弹技术是从美国"窃取"的。这真是无中生有的诽谤！

出人意料的获奖感言

1991年10月16日，人民大会堂里正在召开仅有200人参加的授奖仪式。仪式虽然规模很小，但是规格很高，中共中央总书记江泽民、国家主席杨尚昆等在京的党和国家领导人差不多都出席了。

这个小会是为钱学森而开的。为表彰钱学森全心全意为人民服务，为祖国科技事业的发展所做的卓越贡献，国务院、中央军委特授予他"国家杰出贡献科学家"称号和"一级英雄模范奖章"。颁奖的日子恰巧在他80岁生日前夕。

"国家杰出贡献科学家"，这是过去从未有过的高规格新提法。"一级英雄模范奖章"，此前一直是战斗英雄、生产一线劳模的专利，从来没有向科学家倾斜过。授奖厅里掌声雷动，大家纷纷向钱学森表示最热烈的祝贺。

在崇高的荣誉面前，钱学森仍然像平常那样淡定、谦和和从容。他站起来先是绕场一周，向出席会议的各位领导、嘉宾致谢，然后走到麦克风前。

他没有讲稿，但是讲得有条有理：

我所做的一切，都是在各位领导同志的正确领导和有效组织下，在同志们的帮助下才取得成功的。所以，我首先要感谢在座的各位老的领导、新的领导，没有你们的领导，我是做不成的。我还要感谢在座的曾经和我一起工作过的同志们，没有你们的帮助和支持，我也会一事无成。

所以，刚才各位领导讲我钱学森如何如何，那都是千千万万人劳动的成果啊。我本人只是沧海一粟，渺小得很。真正伟大的是中国人民，是中国共产党，是中华人民共和国！

接着，钱学森深情地回忆起归国后周恩来总理、聂荣臻元帅等中央领导对他的关怀和照顾；回忆起国防科技事业初创年代，他和大家共同艰苦奋斗的激情岁月；回忆起夫人蒋英对他的艺术熏陶，他动情地说："每念及此，我的心情就很不平静。"

讲到这里，他话锋一转，讲起了自己此时此刻的心情。

他的话，出人意料：

在今天这么一个隆重的场合，我的心情到底怎么样？如果说老实话，应该承认我并不是很激动。怎么回事？因为我这一辈子已经有了三次非常激动的时刻。

我第一次激动的时刻是在1955年，当时我到美国已经20年了。我到美国去，心中只有一个目标，就是要把科学技术学到手，而且要证明我们中国人可以赛过美国人，达到科学技术的高峰，这是我的志向。我跟美国的好朋友都不客气地说，虽然当时中国是个苦难的国家，我中国不能和你美国比，但是我钱学森这个中国人论单个，人比人，就要跟你们比赛。那么后来呢，我师从全世界闻名的权威、工程力学和航空技术的权威冯·卡门。他是一位使我永远不能忘的恩师，他教我掌握了现代科学技术的观点和方法。到1955年夏天的时候，我被允许可以回国了。当我同蒋英带着幼儿园年纪的儿子、女儿去向我的老师告别时，手里拿着一本在美国刚出版的我写的《工程控制论》，还有一大本我讲物理力学的讲义，我把这两本东西送到冯·卡门老师手里，他翻了翻很有感慨地跟我说："你现在在学术上已经超过了我"。这时候他已经74岁了。我一听他这句话，激动极了，心想：我20年奋斗的目标，现在终于实现了。我钱学森在学术上超过了这么一位世界闻名的大权威，为中国人争了气，我激动极了。这是我有生以来第一次这么激动。

后来乘船回国，船经菲律宾的马尼拉时停下来，上来一位美联社的记者。这个记者头一句话就问我是不是共产党。我对这个家伙没好气，我说："共产党是人类最崇高的人，我还够不上共产党员的资格呢！"那位记者见捞不到什么，灰溜溜地走了。

但是，仅仅4年以后，在建国10周年的时候，我被接纳为中国共产党的党员。这个时候，我心情是非常激动的，我钱学森是一名中国共产党的党员了！我简直激动得睡不着觉。这是我第二次心情激动。

第三次心情激动，就在今年。今年，我看了在座的王任重同志写的《史来贺传》的序。在这个序里，他说中央组织部把雷锋、焦裕禄、王进喜、史来贺和钱学森这5个人作为解放40年来在群众中享有崇高威望的共产党员的优秀代表。我看见这句话，才知道有这回事。我心情激动极了！我现在是劳动人民的一分子了，而且与劳动人民中最先进的分子连在一起了。

有了这三次激动，我今天倒不怎么激动了。今天不怎么激动还有另一个道理，就是在刚才领导同志的讲话里，在聂荣臻同志的贺信里，他讲人民对我的工作是满意的。我想，但愿如此。可是，我现在还没有到生命的最后一刻，到底我怎么样，还有待于将来吧。所以我想，我还要努力。

1991年10月16日，国务院、中央军委授予钱学森"国家杰出贡献科学家"荣誉称号和"一级英雄模范奖章"

钱学森的即席发言发自肺腑，坦率直白。他的激动和不激动展现的是同一颗爱党、爱国、爱人民的赤子之心，既表现了一位杰出科学家淡泊名利的宽广胸怀，也表现了一名共产党员对个人与党、与国家、与人民关系的科学态度。

这件事要适可而止

"国家杰出贡献科学家"荣誉称号授奖仪式后，新闻媒体出现了一个宣传钱学森、学习钱学森的高潮。由于记者的频频来访，那几天，钱学森的秘书涂元季忙得不亦乐乎。

有一天上午，钱学森突然把涂秘书叫到办公室。第一句话就是："你怎么还在忙啊？我们办任何事，都应该有个度，这件事（指对自己的宣传报道）也要适可而止。这几天报纸上天天说我的好话，我看了心里很不是滋味。难道就没有不同的意见、不同的声音？"

涂秘书坦率回答，听到了一些不同意见。"有的年轻人说，怎么党的知识分子政策都落实到钱学森一个人身上了？"

钱学森立即说："你说的这个情况很重要，说明这件事涉及党的知识分子政策问题。国家给了我这么高的荣誉，奖励的不是我个人，而是我所代表的那个集体、那一代人。所以，'钱学森'这个名字已经不完全属于我自己，我得十分谨慎。在今天的科技界，有比我年长的，有和我同辈的，更多的则是比我年轻的，大家在各自的岗位上为国家科技事业作贡献。不要因为宣传钱学森过了头，伤了别人的感情，影响到别人的积极性，那就不是我钱学森

1991年，钱学森80岁生日时在家中与访者谈话

个人的问题了，那就会涉及全面贯彻落实党的知识分子政策问题。所以，要适可而止，现在应该画个句号了。请你马上给一些报纸杂志打电话，叫他们把宣传钱学森的稿子统统撤下来。从明天开始，不要再宣传了。"

涂秘书回到办公室，立即照办。《光明日报》《科技日报》等都表示尊重钱老本人意见，明天不再见报了。有一个杂志，他们也表示尊重钱老意见，但稿子已下厂排版，有两篇回忆与钱学森交往中受到教益的文章，不好撤下来。钱学森闻后说："这样的回忆性文章都是在一个人死了以后才发表的。我还没死，他们急什么？"涂秘书赶紧打电话告诉该杂志的主编："钱老把话都说到这个份上了，天大的困难你们去想办法克服，稿子一定得撤。"

写稿子的人是钱学森的学生、中国科学院力学所研究员戴汝为。他清楚地记得，当时他接到钱学森秘书的通知，让把他在《神州学人》杂志上即将发表的关于钱学森的文章撤下来。戴汝为觉得，那篇文章已经排上杂志的版面，临时撤稿不大好。涂秘书特地给戴汝为写了一张条子，转告钱学森的意见。戴汝为一看钱学森真的不高兴了，也再三向《神州学人》编辑部说明情况，撤回了那篇文章。

在钱学森毫不客气的坚持要求下，宣传他的活动才算告一段落。

从那之后，所有想出版钱学森传记的组稿活动，都被钱学森办公室拒之门外。

只有两次例外。那是因为钱学森党性极强，他对党交给的任务从来没有半点含糊。有一年，《中共党史人物传》要求写一个关于他的几万字的传略

大家风范钱学森

条目，他听说《中共党史人物传》是经中央批准的，就不再坚持己见了，但他把涂元季叫到跟前叮嘱："写传不是为写而写，更不能为个人歌功颂德去写传，而是要通过写传反映一个时代，反映我们党在那个时代的科学技术成就，总结过去的经验教训，指导以后的工作。所以，第一要实事求是；第二千万不要写出矛盾来，我决不和任何人争功劳，特别是关

于我们国家'两弹一星'。我过去多次讲过，一切成就归于党、归于集体，我本人只是恰逢其时，回到祖国，做了该做的工作，仅此而已。这就是我的观点，是实事求是的观点。你要按照这个观点去写。"

还有一次是 20 世纪 90 年代，科学出版社要出版一本《中国现代科学家传记辞典》，他们通过钱学森的秘书来联系此事。秘书刚刚开口说了几句，钱学森就板起脸、瞪了眼，秘书一看钱学森不高兴了，只好赶紧闭上了嘴巴。过了几天，钱学森恰好和中国科学院院长卢嘉锡坐在一起开会，卢嘉锡对钱学森说："那本书的主编是我，那书可不是野书，是经国家新闻出版署和中国科学院共同批准的，上你的条目也是经审查批准的，你要是不同意上这本书，我这个主编只好辞职了不当。"钱学森被将了一军，得知了实情，只好无奈地同意了。

我姓钱，但我不爱钱

钱学森回国后，在中国科学院享受一级教授的待遇，每月工资 350 元，这在当时已算是"高薪"了。他非常喜欢摄影，刚回国时看到祖国一片欣欣向荣的气象，心里高兴就到处拍照。一个月下来，蒋英告诉他光是买胶卷就花完了他的全部工资，家里没钱买菜了。这下钱学森才知道，不能像在美国那样大手大脚花钱了。此后，钱学森把那个从美国带回来的相机放进箱子里，再也不玩摄影了。

1962 年中央号召干部减薪，先是党员领导干部减，后是一般行政干部

三年困难时期，钱学森主动请求上级给自己减薪

172

减。科学院领导在做干部减薪工作时遇到了一些阻力，感到减薪工作很难做。当时钱学森的家已经从中关村科学院宿舍搬到了航天大院，他的日常工作也转到了航天方面，但是他的工资关系还在科学院力学所。有一次他无意中听说了科学院减薪的情况，便主动给力学所党总支书记杨刚毅写信要求给自己减薪，从每月450元（工资350元加上学部委员补贴100元）减至331.5元。这个工资标准，钱学森一直拿到改革开放以后。

钱学森除了工资收入，还有一些稿费收入，用稿费改善一下生活是天经地义的。但是钱学森总是说："我的生活已经可以了，还有许多人更困难需要帮助。"所以，每当有了一些稿费或其他的收入，他总是毫不犹豫地捐出去。

1957年，钱学森所著《工程控制论》被译成中文出版后获得了中国科学院1956年度科学奖一等奖，奖金1万元。当时他响应政府号召用此款买了国家公债，4年后公债到期，连本带息共计1.15万元。1961年12

钱学森给学生购买的对数计算尺

月，钱学森把这笔巨款捐献给了他所任教的中国科技大学，作为改善教学设备之用。钱学森当时在学校力学系当系主任，他发现力学系有许多学生家庭贫困，连必备的学习用具都买不起，于是就请学校用他捐款的一部分为62、63届200多名力学系学生购买了计算尺。直到现在，当年力学系的学生还记得钱先生为他们买计算尺的事情。一封已经发黄的《1961年校党委为钱学森向学校捐款所致感谢信》仍珍藏在中国科技大学的校史馆里。

1963年，他的《物理力学讲义》《星际航行概论》出版，获得了3000多元稿费，这在当时可是一笔巨款，起码在物质极度匮乏的年代可以吃上几顿好饭、买点紧俏的日用品。可是他想到国家正处于困难时期，党困难、人民困难，自己应该与党和人民一起共度难关，所以他拿到这笔稿费后，立即作为党费把钱上缴给了党组织。

凡是与他人合写的文章，钱学森总是把自己的稿费让给合作者。他常常对合作者说："我的工资比你高，你留着补贴家用吧。"在1990年前，钱学森和他人合作著书7部，他把自己应得的稿费14238元全部赠给了合作者。

1978年，他的父亲钱均夫生前所在的中央文史研究馆给老人家落实政

钱学森生活节俭，旅美期间参加国际会议获赠的公文包一直陪伴了他40余载

策。钱均夫20世纪50年代在该馆工作，1969年去世。因为受到"文化大革命"的影响，该馆从1966年起就不发工资了，老先生在去世前的3年里未领到一分钱工资。落实政策时，该馆为钱老先生补发了拖欠的3年工资共计3000多元。钱学森是钱老先生唯一的儿子，所以文史馆就把这笔钱送到了钱学森的手里。但是钱学森表示父亲已经去世多年，这笔钱他不能要，钱退回文史馆，馆里拒收。钱学森说："那好，我就把它作为党费交给组织吧。"于是这3000多元钱又交了党费。

1982年，钱学森的《论系统工程》一书出版，出版社把稿费刚刚交给他，他转手就捐给了系统工程研究小组。

钱学森用过的旧扇子

在"万元户"还是绝大多数人遥不可及的梦想年代，钱学森又作了一件了不起的事，他一次捐款上百万元！那是1995年，他获得何梁何利基金1994年度奖，奖金100万港元。这笔巨款的支票汇到后，他看都没看就写了委托书，授权他的秘书王寿云和涂元季代表他把钱转交给沙产业奖励基金，支援我国西部的沙漠治理事业。在他倡导下成立的沙产业发展基金除了表彰致力于沙产业的工作者，还在甘肃农业大学、内蒙古农业大学、宁夏农学院和西北农林科技大学设立了钱学森沙产业奖学金班和钱学森沙产业奖学金，促进了我国沙产业人才队伍的培养。

钱学森姓钱不爱钱，传为美谈，感动了许多与他共事的人。据钱学森的儿子钱永刚回忆，在他父亲的心目中，钱在绝大多数时候指的是姓氏。而他的母亲蒋英也和父亲钱学森一样乐善好施。钱永刚说，他一共去过4次母亲工作的单位中央音乐学院，而每次去都是奉母亲之命："永刚，你赶快骑车来一趟，带上×××钱，我这里有个学生要急用。"

　　钱学森一生从不追求奢华、不图私利，他给子女留下的不是钱财，而是50几个书架的书籍和 629 包剪报资料。

上海交大钱学森图书馆一角——钱永刚捐献的钱学森图书

伉俪情深

1947 年 9 月钱学森与蒋英结婚照

钱学森和蒋英的婚姻被誉为科学与艺术结合的典范。他们夫妻恩爱，虽然所从事的专业各异，但为祖国奉献、为人民效力的心一样热。钱学森钟情于蒋英，同时也钟情于他和蒋英共同酷爱的音乐和艺术，他们用科学与艺术组成了美丽的"二重唱"，给世界留下了永恒的经典。

"我从小喜欢音乐，他也自幼酷爱艺术，中学时代他是有名的铜管乐手。"蒋英喜欢这样夸奖钱学森。的确，钱学森与蒋英一样喜欢音乐，对世界乐坛名家的各种风格都十分稔熟，欣赏音乐的艺术品味很高。

在麻省理工学院学习期间，钱学森曾多次驾驶着那辆二手的老爷车，拉着三四个中国同学到波士顿听交响乐团的音乐会。波士顿交响乐团每周都要演出一次，它那整齐的阵容、高超的技艺享誉世界，征服了无数音乐爱好者，也征服了钱学森。如没有特殊情况，每个周末的音乐会，他几乎都要到场。为了听音乐会，钱学森宁肯节衣缩食。音乐给了他慰藉，也引发了他幸福的联想。每当听到那些悠扬的乐曲声，他便情不自禁地想起身在异地的恋人蒋英——那个远离家乡、在欧洲学习声乐的姑娘。

婚后，蒋英来到了美国。头几年，钱学森去各地讲学或参观的机会比较多，每次回来他总忘不了买一些妻子喜欢的新唱片，家中各种豪华版经典的钢琴独奏曲、协奏曲应有尽有。蒋英回忆说："那个时候，我们都喜欢哲理性强的音乐作品。学森还喜欢美术，水彩画也画得相当出色。因此，我们常常一起去听音乐、看美展。我们的业余生活始终充满着艺术气息。不知为什么，我喜欢的他也喜欢。"共同的艺术情趣

大家闺秀蒋英

是蒋英和钱学森相互关怀、相互爱恋的沃土。即使在遭受美国政府软禁的艰难岁月，夜晚，当孩子们入睡以后，有时钱学森吹竹笛，蒋英弹吉他，共同演奏 17 世纪古典室内音乐，以排解寂寞与烦闷；有时他们悄悄地欣赏贝多芬、海顿、莫扎特的交响曲，感受那与命运顽强抗争的呼唤，乐观地面对人生。这也许就是贝多芬所要证明的："音乐是比一切智能和哲学更高的启示"。

20 世纪 50 年代中期，回国后的蒋英在中央实验歌剧院担任演员和艺术指导。"为了满足广大工农兵的要求，我和演员们一起到大西北偏僻落后的地方巡回演出，并努力学唱中国民歌、昆曲、京韵大鼓，甚至京戏。"蒋英还穿上民族服装，扮作村姑登台演唱，颇受群众欢迎。每当要登台演唱时，蒋英总喜欢请钱学森去听，请他欣赏，请他评论。有时钱学森工作忙，不能去听，蒋英就录音带回家，待休息时再放给他听。

后来，为了照顾钱学森的工作与生活，领导安排蒋英先后在中央音乐学

1947年结婚前夕的蒋英

院声乐系、歌剧系担任领导并任教。才华横溢的蒋英只好放弃自己最喜爱的舞台生涯，用自己的全部心血培养学生。后来，她成为造诣精深的声乐教育家和我国当代讲授欧洲古典艺术歌曲的权威教授。

共同的爱好使钱学森与蒋英的感情生活更加温馨和谐、多姿多彩，也使他们各自的事业相辅相成、相得益彰。在蒋英的影响下，钱学森对科学与艺术结合的思考更多了。他曾写了许多关于美学、文艺学和社会主义文化学以及技术美学等方面的文章，发表了许多独到的见解。他所著的《科学的艺术与艺术的科学》出版发行，正是蒋英给该书定了英译名。钱学森说："我在一件工作上遇到困难而百思不得其解的时候，往往是蒋英的歌声使我豁然开朗，得到启示。"

1959年钱学森一家在中关村中科院宿舍

到了晚年，钱学森夫妇依然生活得富有情趣，非常充实。"与我相比，他更喜欢贝多芬的作品，尤其喜爱贝多芬的第三交响曲《英雄》。"蒋英这么认为。在钱学森看来，贝多芬不是一个单纯的作曲家，在本质上贝多芬是音乐诗人、是音乐哲学家。他说："贝多芬的最大成就就是让音符述说哲学、解释哲学，使音乐成为最富于哲学

1987 年钱学森夫妇在联邦德国

性质的艺术。贝多芬总是用音符寓意托情，启迪人类的灵性，感发人类的道德和良心。"他时常陶醉在贝多芬的音乐世界里，也同时被贝多芬的英雄气概所感染。

1991 年 10 月 16 日，国务院、中央军委决定授予钱学森"国家杰出贡献科学家"荣誉称号和一级英雄模范奖章。在这个隆重的授奖仪式上，钱学森满怀深情地大胆夸奖了爱人蒋英，赞扬她为自己打开了科学认知世界的另一扇窗户："我们结婚已经 44 年了，这 44 年我们家庭生活是很幸福的。但在 1950 年到 1955 年美国政府对我进行迫害的这 5 年间，她管家，蒋英同志是作了巨大牺牲的，这一点，我决不能忘。我还要向在座的领导和同志们介绍，就是蒋英和我的专业相差甚远。我干什么的，大家知道了，蒋英是干什么的？她是女高音歌唱家，而且是专门唱最深刻的德国古典艺术歌曲的。正是她给我介绍了这些音乐艺术，这些艺术里所包含的诗情画意和对于人生的深刻理解使我丰富了对世界的认识、学会了艺术的广阔思维方法。或者说，正因为我受到这些艺术方面的熏陶，所以我才能够避免死心眼、避免机械唯物论，想问题能够更宽一点、活一点。所以在这一点上，我也要感谢我的爱人蒋英同志。"

如果说，钱学森是一座科学的丰碑、是一座智慧的山岭的话，那么，蒋

1993 年 12 月 11 日钱学森 82 岁生日，蒋英与钱学森在一起合影

英就是丰碑旁青翠的绿树、山岭上秀逸的云霞。他们的结合那么美好，让人感叹科学与艺术不仅可以珠联璧合，科学家和艺术家还可以互相启发，共同创造奇迹。钱学森和蒋英 1947 年结婚，从红颜一直到皓首，夫妻双双共度了 62 个春秋。他们一起经历幸福，一起经历苦难，一起经历光荣，始终两情依依、两心相印，就像大地的血脉，就像天上的云彩。纵然明月千里，纵然天路迢迢，他们依旧手拉手、肩靠肩，眷恋着、依偎着，携手共同走向那生命遥远的彼岸。

他的时间表上没有晚年

钱学森一辈子都不看电视。但是 2008 年年底，97 岁的他忽然提出要看电视。他的儿子钱永刚说："父亲以往都是听收音机。到了晚年，他的耳朵越来越背。有一天，他突然说了一句：'支个电视行不行？'他还问我多少钱、贵不贵？"钱永刚告诉父亲："算我孝敬您了，买汽车，钱可能紧一点，买电视的钱还是有的。"

电视安好后，钱学森看的挺来劲。钱永刚说："我们把电视的声音都弄得很小。他眼睛好，坐起来看电视，看一些新闻、体育比赛。有时候我们见他看的时间长了，劝他躺下，他还不干，说要'再看一会'"。但是，他不喜欢看汽车广告，钱永刚说："汽车广告，一看都是外国汽车，父亲就说'泄气泄气'。我说中国汽车也是'外国心'，他说这些人怎么了，人都干什么去了？现在生活水平高了，更有条件出成果，为什么还弄不成？"

后来钱永刚去了一趟上海，参观了制造国产大飞机的工厂。回来后，他将所见所闻告诉父亲："我去上海参观飞机总装厂，看到发动机是买外国的。一听我说这个，父亲就问'飞机的发动机是放在翅膀底下还是机身里头？有几个？'我告诉他后，父亲笑了。我明白，他这一笑的含义——中国自己设计的大飞机将来能升空，是好事，总比买纯外国的好。但是不带劲，发动机还要买外国的。"钱学森时刻关心着国产大飞机的核心技术，期盼着它早日启航。

直到晚年，钱学森的眼光还是盯在创新上。他认为，国家的"两弹一星"工程已经成功，而且拥有了一支优秀的航天人才队伍，自己可以做一些自己更感兴趣的事了。因为对科学家来说，创新研究比完成科技工程更难、更有挑战性。

其实，钱学森一生的兴趣和长处是科学理论的研究与创新，而不是工程实践。回国前，他已经是集应用力学、航空工程、工程控制论等诸多技术科学于一身的世界级大科学家，他在国外的科学研究正处于巅峰状态，声名显赫。从海外回到中国，钱学森放弃的不仅是优越的生活。当他回国得知新中国需要他搞导弹火箭时，他没有丝毫的犹豫，放弃了他所挚爱的学术研究，担当起航天工程执行者的角色。30 年中，他将全部精力都投入到攻克工程技术难关、建立航天系统工程、培养青年科技人员上。

直到从行政领导岗位退下来后，他才重新开始大量的科学理论研究。就是在这个时期，他积极倡导的信息技术研究应用极大地推动了军队信息化建设；他于 1984 年提出的"知识密集型大农业"理念，已经在西部地区的沙产业中成为现实；他关于建设"山水城市"的观点，深刻地影响了中国城市规划建设的理论与实践；他提出的"大成智慧教育"理念，正在西安交通大学的"钱学森实验班"等项目中付诸探索……钱学森对晚年的成就非常自豪，常常说自己"退下来的十几年能从事科学理论研究并有一点儿成绩，这十几年没白过。"有一个周末，上班不久的孙子来看望爷爷，兴奋地说："最近我们单位开展保持共产党员先进性教育活动，我们机关将爷爷您的事迹作为教育材料。从小我听爸爸讲了您的好多事，但这次第一次系统地学习了您的很多事迹，很受教育。爷爷，您真伟大！"钱老以往对小孙子说的一些好听的话不以为然，这次他却抓住这个话题说："你说的都是我做航天的事。你

晚年钱学森仍然孜孜不倦地学习

要知道，我 50 年前做航天，都是将科学上的一些成熟理论加以应用，搞火箭、导弹。这没什么，不是真正意义上的创新，国家需要我做，我就做。我不认为你说我伟大的地方就是伟大的。如果我 50 年前那些事儿也叫伟大，你的要求太低了。你记住，21 世纪的爷爷将更伟大！"

钱学森的部分著作

在生前的最后一次系统谈话中，钱学森表达了自己的忧虑："中国还没有一所大学能够按照培养科学技术发明创造人才的模式去办学……我们不能人云亦云，这不是科学精神，科学精神最重要的就是创新……我今年已 90 多岁了，想到中国长远发展的事情，忧虑的就是这一点。"

他的深邃目光，超越了自然科学，超越了社会发展的今天；他的思维触角，敏锐地感应着飞速发展的现代社会，不时地爆发出新的思想火花，就好像在他的时间表上永远没有晚年。

在新华社记者写的一篇文章中，有这样一段精辟的话："钱学森回国时，中国的科学大业正艰难起步；钱学森离开时，现代化的天空早已星光璀璨。从'两弹一星'到载人航天工程和探月工程，站在钱学森和老一辈科学家的肩膀上，中国人得以仰望头顶那片更加辽远的星空。从钱学森提出工程控制论到用系统科学的理论观察和分析问题，管理者豁然开朗，原来利用体系的综合优势和整体力量，可以认识和解决中国现代化建设中的种种问题。半个多世纪里他带给中国的一切，就是这位科学大师的遗产！"

钱学森虽然卧病在床，但他的思想依旧驰骋飞扬

高山仰止　大师风范